特長と使い方

◆ 15 時間の集中学習で入試を攻略！

1時間で2ページずつ取り組み，計15時間(15回)で高校入試直前の実力強化ができます。強化したい分野を，15時間の集中学習でスピード攻略できるように入試頻出問題を選んでまとめました。

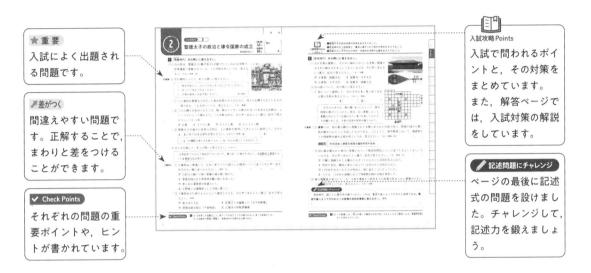

★ **重要**
入試によく出題される問題です。

✍ **差がつく**
間違えやすい問題です。正解することで，まわりと差をつけることができます。

✔ **Check Points**
それぞれの問題の重要ポイントや，ヒントが書かれています。

📖 **入試攻略 Points**
入試で問われるポイントと，その対策をまとめています。
また，解答ページでは，入試対策の解説をしています。

✏ **記述問題にチャレンジ**
ページの最後に記述式の問題を設けました。チャレンジして，記述力を鍛えましょう。

◆「総仕上げテスト」で入試の実戦力 UP！

総合的な問題や，思考力が必要な問題を取り上げたテストです。15 時間で身につけた力を試しましょう。

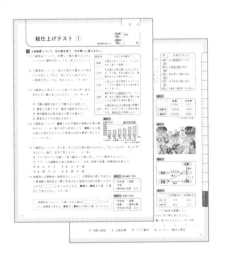

◆ 巻末付録「最重点 暗記カード」つき！

入試直前のチェックにも使える，持ち運びに便利な暗記カードです。理解しておきたい最重要事項を選びました。

◆ 解き方がよくわかる別冊「解答・解説」！

親切な解説を盛り込んだ，答え合わせがしやすい別冊の解答・解説です。間違えやすいところに ⓘここに注意 ，入試対策の解説に 📖 入試攻略 Points といったコーナーを設けています。

📖🖊 目次と学習記録表

◆ 下の表に学習日と得点を記録して，自分自身の実力を見極めましょう。

◆ 1回だけでなく，復習のために2回取り組むことが，実力を強化するうえで効果的です。

【写真提供】朝日新聞社　アメリカ議会図書館　川崎市市民ミュージアム　共同通信社　宮内庁正倉院事務所　国立国会図書館　さいたま市立漫画会館　佐賀大学地域学歴史文化研究センター　聖徳記念絵画館『下関講和談判』（永地秀太筆），『大政奉還』（邨田丹陵筆）　田原市博物館　東京大学法学部附属明治新聞雑誌文庫　徳川美術館所蔵©徳川美術館イメージアーカイブ／DNPartcom　公益財団法人 特別区協議会　豊田市郷土資料館　長崎歴史文化博物館　奈良市役所　日本銀行那覇支店　函館市中央図書館　ピクスタ　平等院　文化庁（写真提供：埼玉県立さきたま史跡の博物館）　毎日新聞社　メトロポリタン美術館　米沢市（上杉博物館）　Colbase(https://colbase.nich.go.jp/)　Image：TNM Image Archives　iStock　Sue Ream (CC BY 3.0)

💻 本書に関する最新情報は，小社ホームページにある**本書の「サポート情報」**をご覧ください。(開設していない場合もございます。)
なお，この本の内容についての責任は小社にあり，内容に関するご質問は直接小社におよせください。

 # 出題傾向

◆ 「社会」の出題割合と傾向

〈「社会」の出題割合〉

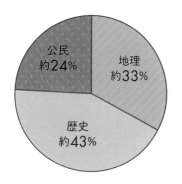

公民
約24%

地理
約33%

歴史
約43%

〈「社会」の出題傾向〉

- 3分野からバランスよく出題されている。
- 地図や写真，統計資料，歴史史料などを利用する設問が増えている。
- 記号選択が多く，次に用語記述が多い。また，多くの地域で文章記述問題が出題される。
- 地域によっては，大問の中で複数の分野にまたがる分野融合問題が出題される場合がある。

◆ 「歴史」の出題傾向

- 年表を使った問題の出題が多いが，写真や絵画，文献史料などさまざまな資料を用いた問題が増えている。
- 幅広い時代を，テーマを決めて扱う問題の出題が増えてきている。
- 地理で出題の少ない用語記述の問題が，歴史では多めになりがちである。

合格への対策

◆ 教科書の内容を徹底的に復習しよう

- 歴史の入試で問われる知識は，教科書レベルの内容が中心のため，「教科書内容の理解を深めること＝合格への王道」です。
- 歴史は，人物・用語・できごとを関係する絵画・写真・文献史料とともに覚えておき，できごとの順序をきちんと整理しておくことも欠かせません。

◆ 入試問題を知り，慣れよう

教科書や参考書・問題集で理解したり，覚えたりした知識が，入試問題を解くときに使いこなせるかどうかを練習問題で確認しよう。

◆ 誤りの原因を分析→復習をくり返す→弱点をつぶして得点源に

- 誤った問題は「なぜ，誤ったのか？」という原因を分析しよう。「重要知識を覚えていなかった」「ケアレスミス」など，原因はさまざまです。分析後，関係する基本事項を確認して解き直し，根気よく復習して弱点をつぶそう。
- 社会科は，短期間でよく復習して重要知識を記憶に定着させることが大切です。

入試重要度 A **B** C

文明のおこりと日本の成り立ち

時　間 **40分**
合格点 **80点**

解答➡別冊 p.1

得点

点

---

1 〔旧石器・縄文・弥生時代〕次の問いに答えなさい。

□(1) **資料１**の石器が発見された岩宿遺跡の位置として適切なものを，**略地図**中の**ア〜エ**から１つ選び，記号で答えなさい。(10点)〔和歌山〕

（　　　）

略地図

資料1

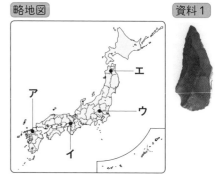

(2) 日本の縄文時代にあたる１万数千年前から紀元前３世紀ごろについて，次の問いに答えなさい。

□① 縄文時代の遺跡からは，**資料２**のような土でつくられたものが多数発掘されている。これを何というか，答えなさい。(12点)〔長崎〕

（　　　）

資料2

□② 縄文時代の人々のくらしの特徴を述べている文を，次の**ア〜エ**から１つ選び，記号で答えなさい。(10点)〔石川－改〕　（　　　）

ア 土器が初めてつくられ，食べ物の保存や煮炊きなどに使われていた。

イ 鉄製の道具を用いて土地を耕したり，水路を広げたりしていた。

ウ 青銅製の銅鐸や銅剣が祭りの道具として使われていた。

エ 打製石器をつけたやりなどで，ナウマン象をつかまえていた。

□③ 紀元前3000年ごろに，ティグリス川とユーフラテス川の流域では，メソポタミア文明がおこった。この文明で発明された文字と暦の組み合わせとして正しいものを，次の**ア〜エ**から１つ選び，記号で答えなさい。(10点)〔徳島－改〕　（　　　）

ア くさび形文字，太陰暦　　**イ** くさび形文字，太陽暦

ウ 甲骨文字，太陰暦　　　　**エ** 甲骨文字，太陽暦

差がつく □④ ギリシャの都市国家に紀元前５世紀につくられ，現在，世界遺産に登録されている建造物の写真として正しいものを，次の**ア〜エ**から１つ選び，記号で答えなさい。(10点)

〔大阪教育大附高(池田)－改〕（　　　）

★重要 □(3) 弥生時代，日本の女王が中国の王朝に使いを送ったという記述が『魏志』倭人伝という中国の歴史書にあるが，この女王の治めた国の名を漢字４字で答えなさい。(14点)〔大分－改〕

（　　　）

✔ **Check Points** **1** (2) ①女性の形をしているものが多い。
(3) 女王の名は卑弥呼といい，まじないで政治を行った。

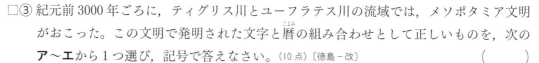

4

入試攻略 Points
(→別冊 p.1)

❶縄文時代と弥生時代の違いや特色をおさえておこう。
❷中国の歴史書に記された日本の様子について整理しておこう。
❸大和政権と中国・朝鮮との関係や渡来人の伝えた大陸文化についておさえておこう。

2 [古墳時代] 次の文を読んで，あとの問いに答えなさい。

右の**資料1**は，大仙古墳(仁徳陵古墳)を写したものである。多くの古墳の表面には，石がしきつめられており，墳丘上には(**X**)などが置かれた。この古墳がつくられたころ，大和政権は，朝鮮半島の北部にあった(**Y**)と対立していた。

資料1

□(1) **資料1**のような形の巨大古墳が最も多く見られる地方を，次の**ア～エ**から1つ選び，記号で答えなさい。(8点)〔鹿児島〕 (　　　)

　　ア 東北地方　　イ 近畿地方　　ウ 関東地方　　エ 九州地方

□(2) 文中の**X・Y**にあてはまる語句の組み合わせとして最も適当なものを，次の**ア～エ**から1つ選び，記号で答えなさい。(8点)〔愛知〕 (　　　)
　　ア **X**―埴輪　**Y**―高句麗　　イ **X**―埴輪　**Y**―百済
　　ウ **X**―銅鐸　**Y**―高句麗　　エ **X**―銅鐸　**Y**―百済

□(3) 文中の下線部について，**資料2**は埼玉県の古墳から出土した鉄剣の一部である。
　　□□には，当時の大和政権の王を表す呼び名が入る。これを漢字2字で答えなさい。(8点)〔島根〕 (　　　)

資料2

ワカタケル

★重要 (4) **資料1**のような古墳がつくられたころ，朝鮮半島や中国から移り住んできた人々が大陸の優れた技術を伝えた。これについて，次の問いに答えなさい。(5点×2)

　□① これらの人々を何というか，答えなさい。〔鹿児島〕 (　　　)

　□② これらの人々が日本に伝えた技術として最も適当なものを，次の**ア～エ**から1つ選び，記号で答えなさい。〔三重〕 (　　　)
　　ア 高温で焼いた質のかたい土器(須恵器)や高級な絹織物をつくる技術。
　　イ ふすまや掛軸などに墨一色で自然を描く水墨画の技術。
　　ウ キリスト教の布教に必要な書物の出版をするための活版印刷の技術。
　　エ 錦絵と呼ばれる多色刷りの美しい版画で風景画や美人画をつくる技術。

✎ 記述問題にチャレンジ

中国の歴史書には，5世紀ごろから大和政権の王が南朝の皇帝にたびたび使者を送っていたことが記録されている。**大和政権の王が中国に使者を送った理由を「朝鮮半島」という語句を用いて，簡単に答えなさい。**〔香川〕

〔　　　　　　　　　　　　　　　　　　　　　　　　　　　　　　　　　　　　　〕

✔ **Check Points**　　2 (2) 百済は朝鮮半島の南西部にあった。銅鐸は弥生時代の青銅器である。
　　　　　　　　　　　(4) ②かんがい工事や堤防を築く土木技術，漢字や儒教(儒学)なども伝えた。

1時間目
2時間目
3時間目
4時間目
5時間目
6時間目
7時間目
8時間目
9時間目
10時間目
11時間目
12時間目
13時間目
14時間目
15時間目
総仕上げテスト

2 時間目

入試重要度 Ａ **Ｂ** Ｃ

聖徳太子の政治と律令国家の成立

月　　日

時間 **40**分　合格点 **80**点

得点　　　　点

解答➡別冊 p.2

1 ［飛鳥時代］次の問いに答えなさい。

□(1) 右の図は，聖徳太子(厩戸皇子)が建てたといわれる寺院で，世界遺産に登録されている。この寺院を何というか，答えなさい。(8点)〔宮崎－改〕（　　　　　　　）

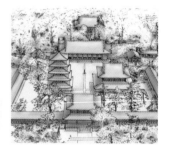

★重要 (2) 次の資料について，あとの問いに答えなさい。

> 一　和を大切にし，人といさかいをしないようにしなさい。
> 二　あつく三宝をうやまいなさい。
> 三　天皇の命令には必ず従いなさい。　　　　　　(部分要約)

□① この資料は聖徳太子が行った政治改革の中で示された，役人の心構えを示したものの一部である。これを何というか，答えなさい。(8点)〔愛媛〕（　　　　　　　　　）

□② この心構えが定められたころ，唯一神のアッラーの教えを守って生活する宗教が，ムハンマドによって開かれた。この宗教は何か，次の**ア～エ**から１つ選び，記号で答えなさい。(7点)〔広島〕（　　　）

ア 仏教　　**イ** イスラム教　　**ウ** キリスト教　　**エ** ヒンドゥー教

□③ 聖徳太子が進めた改革の目的を，上の資料を使用して次のように説明した。文中の **a・b** にあてはまる語句を答えなさい。(8点×2)〔群馬〕a（　　　　　　）　b（　　　　　　）

> （　a　）や儒教の考え方を取り入れ，（　b　）中心の国づくりを目ざした。

(3) 次の文を読んで，あとの問いに答えなさい。(8点×2)

> ６世紀中ごろから７世紀中ごろにかけて，都のあった地方を中心に，**a**国際的な要素をもった**b**飛鳥文化が栄えた。

差がつく □① 下線部 **a** に関連して，日本と東アジアの国々との関係について述べた次の**ア～エ**を，年代の古い順に並べかえなさい。〔長野－改〕（　　　→　　　→　　　→　　　）

ア 白村江の戦い(はくそんこう)で唐と新羅(シルラ)の連合軍に敗れた。
イ 邪馬台国の女王卑弥呼が魏に使いを送った。
ウ 第１回の遣唐使が派遣された。
エ 小野妹子が遣隋使として中国に渡った。

□② 下線部 **b** を代表するものとして適切なものを，次の**ア～エ**から１つ選び，記号で答えなさい。〔長野〕（　　　）

ア 東大寺の大仏
イ 紀貫之らが編集した『古今和歌集』
ウ 琵琶法師が語る『平家物語』
エ 広隆寺の弥勒菩薩像

✔ **Check Points**　**1** (2) ②世界三大宗教の１つ。西アジアや北アフリカの国々を中心に多くの信者がいる。
(3) ②法隆寺の釈迦三尊像も，飛鳥時代の代表的な仏像である。

入試攻略Points
（→別冊 p.2）

❶聖徳太子の政治改革の内容をおさえておこう。
❷奈良時代の土地制度と，農民に課せられた税の内容をおさえておこう。
❸飛鳥文化と天平文化の特色，代表的な寺院や仏像をおさえておこう。

2 ［奈良時代］次の問いに答えなさい。

□(1) 右の写真の建物と，その中に納められている宝物に関連する文化の組み合わせとして正しいものを，次の**ア〜エ**から1つ選び，記号で答えなさい。（7点）〔沖縄〕　（　　）

　ア 正倉院—国風文化　　**イ** 延暦寺—天平文化
　ウ 正倉院—天平文化　　**エ** 延暦寺—国風文化

(2) 右の図について，次の問いに答えなさい。

□① 図について説明した，次の文中の**A・B**にあてはまる都の名称を答えなさい。（8点×2）〔青森〕

　　　A（　　　　　）　B（　　　　　）

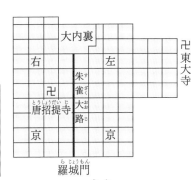

　　古代の日本では，唐の都（ **A** ）にならって，律令国家の都がつくられた。図は，広い道路によって，碁盤の目のように区画された（ **B** ）を表したもので，大内裏の中には，天皇の住居や役所が建てられた。

★重要 □② **資料Ⅰ**は，図の都の跡から発掘された木簡に記された内容であり，阿波の国から都に税が納められたことを記したものである。このように，律令制度において，海産物などの特産物を納める税を何というか，答えなさい。（7点）〔徳島－改〕　（　　）

　資料Ⅰ　阿波国進上御贄若海藻壱籠板野郡牟屋海

□③ 図の都が置かれた時代に実施されていた班田収授法について述べた文として正しくないものを，次の**ア〜エ**から1つ選び，記号で答えなさい。（7点）〔青森－改〕　（　　）
　ア 戸籍に登録された6歳以上のすべての人々に口分田が与えられた。
　イ 性別や良民，賤民の身分に応じて口分田の広さが決められた。
　ウ 口分田を与えられた人が死ぬと，国に返すことになっていた。
　エ 人々は，口分田の面積に応じて特産物を納める税を負担した。

□(3) 唐の僧鑑真が来日したころ，天皇や貴族から庶民までの和歌が収められた歌集ができた。この歌集を何というか，答えなさい。（8点）〔佐賀〕　（　　　　　）

✎ 記述問題にチャレンジ

　奈良時代，国ごとに国分寺が建てられた。これは，聖武天皇によって行われた政策である。**聖武天皇によって行われたこの政策の目的を簡単に答えなさい。**〔静岡〕

〔　　　　　　　　　　　　　　　　　　　　　　　　　　　　　　　　〕

✔ Check Points　**2** (3) この歌集には，「防人の歌」や農民の生活の苦しさをよんだ山上憶良による「貧窮問答歌」などが収められている。

入試重要度 Ａ **Ｂ** Ｃ

貴族の政治

時間 **40**分
合格点 **80**点
得点　　　点

解答➡別冊 p.2

1 ［平安時代①］ 次の問いに答えなさい。(14点×4)

(1) 桓武天皇の政治改革について, 次の問いに答えなさい。

□① 桓武天皇が行ったことについて述べた文として正しいものを, 次の**ア〜エ**から1つ選び, 記号で答えなさい。〔香川〕　　　　　　　　　（　　　）

ア 和同開珎を発行した。

イ 口分田の不足に対応するため, 墾田永年私財法を定めた。

ウ 都を平城京から長岡京に移した。

エ 菅原道真の提案により, 遣唐使の派遣の停止を決定した。

□② 桓武天皇は東北地方に大軍を送り, 支配を広げた。**資料Ⅰ**のＡの範囲を含む地域を本拠地とした蝦夷の指導者で, 朝廷軍に鎮圧された人物として正しいものを, 次の**ア〜エ**から1つ選び, 記号で答えなさい。〔長崎〕　　　　　　　　　（　　　）

資料1

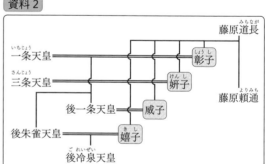

ア アテルイ　　イ シャクシャイン

ウ 藤原純友　　エ 坂上田村麻呂

(2) **資料2**は11世紀前半から半ばにおける天皇と藤原氏の関係を示したものである。これを見て, 次の問いに答えなさい。

□① **資料2**から読み取れることについて説明した文**X・Y**と, その時期における政治について説明した文**a・b**の組み合わせとして最も適するものを, あとの**ア〜エ**から1つ選び, 記号で答えなさい。〔神奈川〕　（　　　）

○読み取れること

X 後一条天皇と威子は, 姻戚関係にあった。

Y 後一条天皇と後朱雀天皇は, 親子関係にあった。

資料2

```
                                         藤原道長
       一条天皇 ───┬───┬───┬──── 彰子
       三条天皇 ───┤   │   │       妍子
                   │   │   後一条天皇 ── 威子    藤原頼通
                   │   後朱雀天皇 ── 嬉子
                   後冷泉天皇
```

※　で囲まれた人物は女性であることを示す。

○説明文

a 藤原氏が, 朝廷の高い官職をほぼ独占し, 自分の娘の子を天皇に立てた。

b 天皇が, 自らの位を幼少の皇子に譲り, 上皇として権力を握った。

ア Ｘとa　**イ** Ｘとb　**ウ** Ｙとa　**エ** Ｙとb

★重要 □② このころ, 描かれた『源氏物語絵巻』の題材となった『源氏物語』を著した人物の名を答えなさい。　　　　　　　　　（　　　　　　　）

✔ Check Points　**1** (1) ②坂上田村麻呂は征夷大将軍に任命され, 大軍を率いて戦い蝦夷を破った。
(2) ②この人物は, 藤原道長の娘で一条天皇のきさきとなった彰子に仕えた。

入試攻略Points
(→別冊 p.3)

❶平安京に都を移した背景と，桓武天皇の蝦夷支配についておさえておこう。
❷摂関政治の内容について説明できるようにしておこう。
❸国風文化の特色，代表的な人物と作品名をおさえておこう。

2 [平安時代②] 右のA・Bは，平安時代を代表する2つの阿弥陀堂に関する図である。これに関して，次の問いに答えなさい。

□(1) A・Bそれぞれの所在地を**地図**中のa〜dから選び，その組み合わせとして正しいものを，次の**ア〜エ**から1つ選び，記号で答えなさい。(14点)〔大分〕 （　　　）

ア A—a B—c 　**イ** A—a B—d
ウ A—b B—c 　**エ** A—b B—d

地図

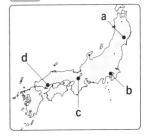

▶重要 □(2) Bが建てられたころの日本の仏教の様子として最も適当なものを，次の**ア〜エ**から1つ選び，記号で答えなさい。(15点)
〔鹿児島−改〕（　　　）

ア 念仏を唱えて，死後に極楽浄土に生まれかわることを願う浄土信仰が広まった。
イ 仏教の力に頼って国家を守ろうと，国ごとに国分寺が，都に東大寺が建てられた。
ウ 親鸞が修行の多少にかかわらず信仰するだけで救われると説いて，浄土真宗を広めた。
エ 仏教の新しい動きとして，最澄が天台宗，空海が真言宗を開いた。

□(3) Bが建てられたころのできごとについて述べているものを，次の**ア〜エ**から1つ選び，記号で答えなさい。(15点)〔岩手−改〕（　　　）
ア 朝鮮半島から移り住んだ渡来人によって，仏教や儒教，漢字などが伝えられた。
イ 僧侶の一遍が武士の屋敷や市を訪れている様子を描いた絵巻物がつくられた。
ウ 漢字を変形してかな文字ができ，清少納言などが優れた文学作品を生み出した。
エ 神話や伝承などをもとにまとめた『古事記』がつくられた。

✎ 記述問題にチャレンジ

平安時代になると，戸籍にいつわりが多くなった。**表**は10世紀につくられた戸籍に登録された人の性別と年齢階級別の人数を示している。**表**に66歳以上の人が多く見られることから，実際には死亡している人を，人々が戸籍に登録し続けるといういつわりが行われていたと考えられる。**人々が，戸籍に死亡している人を登録し続けた理由を簡単に答えなさい。**〔静岡−改〕

〔　　　　　　　　　　　　　　　　　　　　　〕

表

	男子(人)	女子(人)
16歳以下	4	0
17〜65歳	23	171
66歳以上	15	137

（「延喜二年阿波国戸籍」）

✔ Check Points **2** (2) 奈良時代，平安時代初期，平安時代中期，鎌倉時代のいずれかの時代の仏教の様子について述べている。

1時間目
2時間目
3時間目
4時間目
5時間目
6時間目
7時間目
8時間目
9時間目
10時間目
11時間目
12時間目
13時間目
14時間目
15時間目
総仕上げテスト

入試重要度　A **B** C

鎌倉幕府の成立と元寇

4
時間目

時　間 **40**分
合格点 **80**点

解答➡別冊 p.3

得点

点

1 [鎌倉幕府の成立] 次の問いに答えなさい。(9点×5)

□(1) 資料 I 中の**A〜D**は平安時代に戦乱がおきた場所を示している。それぞれの場所について述べた文として正しくないものを，次の**ア〜エ**から 1 つ選び，記号で答えなさい。〔大分〕

（　　　　　）

資料 1

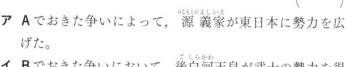

- **ア** Aでおきた争いによって，源 義家が東日本に勢力を広げた。
- **イ** Bでおきた争いにおいて，後白河天皇が武士の勢力を得て，勝利した。
- **ウ** Cで平将門がおこした乱は，貴族たちに大きな衝撃を与えた。
- **エ** Dにおいて，源義経らの軍勢は平氏を追い詰め，滅ぼした。

□(2) 武士の政権が成立するまでのできごとについて述べた次の**ア〜ウ**を，年代の古い順に並べかえなさい。〔岐阜〕　　　　（　　　→　　　→　　　）

- **ア** 白河上皇が，武士も家臣にするなど，自由に人材を登用した。
- **イ** 平清盛が，武士として初めて太政大臣となった。
- **ウ** 天皇と上皇の対立や政治の実権をめぐる対立などから，保元の乱がおきた。

(3) 鎌倉幕府のしくみを表した**資料2**を見て，次の問いに答えなさい。

□① 下線部**X**の承久の乱に関する次の史料中の下線部**ア〜ウ**から，将軍からの御恩にあたるものを 1 つ選び，記号で答えなさい。〔長野〕　　（　　　　）

資料 2　幕府のしくみ（x承久の乱後）

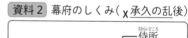

将軍 — 執権 Y —［侍所／政所／問注所］

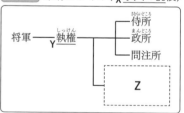

Z

> 亡き頼朝公が朝廷の敵を倒し，幕府を開いてから，**ア**官位や土地などその恩は山よりも高く，海よりも深い…名誉を大切にする者は**イ**京都に向かって出陣し，**ウ**敵を討ち取り幕府を守りなさい。

★重要 □② 下線部**Y**の地位を独占した氏の名を答えなさい。〔秋田〕　　　　　（　　　　　）

□③ **Z**にあてはまるものを，次の**ア〜ウ**から 1 つ選び，記号で答えなさい。〔秋田〕（　　　）

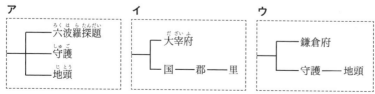

- **ア** 六波羅探題／守護／地頭
- **イ** 大宰府／国 — 郡 — 里
- **ウ** 鎌倉府／守護 — 地頭

✓ **Check Points** **1** (1) 平安時代の 10〜12 世紀に各地で戦乱がおこり，武士は勢力をのばしていった。
(3) ①史料は源頼朝の妻で，「尼将軍」と呼ばれた北条政子のことである。

❶平安時代中期以降の武士の成長について整理しておこう。
❷承久の乱とその影響についておさえておこう。
❸御家人が次第に困窮した理由を整理しておこう。

2 ［モンゴルの襲来］次の文を読んで，あとの問いに答えなさい。(9点×3)

> （ **X** ）の皇帝フビライ＝ハンは日本に服属を要求したが，当時，幕府の執権であった（ **Y** ）がこれを拒むと，二度にわたって日本に襲来した。幕府はこれを退けたが，この後，13世紀末になると（ **Z** ）

□(1) 文中の**X**にあてはまる国号を漢字1字で答えなさい。〔京都〕　　　　　（　　　　　）

□(2) 文中の**Y**にあてはまる人物の名を漢字で答えなさい。〔宮崎〕　　　　（　　　　　）

□(3) 文中の**Z**にあてはまる文として最も適当なものを，次の**ア〜エ**から1つ選び，記号で答えなさい。〔京都〕　　　　　　　　　　　　　　　　　（　　　　　）

　　ア 生活が苦しくなった御家人を救済するために，幕府は永仁の徳政令を出した。

　　イ 外国船の侵入を防ぐために，幕府は異国船打払令を出した。

　　ウ 幕府を倒すために，後鳥羽上皇が京都で反乱をおこした。

　　エ 幕府の力が衰えたために，戦国大名が各地を支配するようになった。

3 ［鎌倉時代の社会・政治と文化］次の問いに答えなさい。

□(1) 1232年，御家人の裁判を公正に行うために，武家社会の慣習をもとに定められた法律を何というか，答えなさい。(5点)　　　　　　　　　　　　　（　　　　　）

(2) 鎌倉時代の文化について，次の①〜③の問いの答えとして適切なものを，あとの**ア〜ク**から1つずつ選び，記号で答えなさい。(5点×3)〔熊本—改〕

□① 右の図の像は，運慶と快慶が中心になってつくられたものである。この像が設置されている寺を選びなさい。　　　　　　（　　　　　）

□② 鴨長明が書いた随筆集を選びなさい。　　　　　　　（　　　　　）

□③ 藤原定家らが編集した歌集を選びなさい。　　　　　（　　　　　）

　　ア 徒然草　　**イ** 興福寺　　**ウ** 方丈記　　**エ** 万葉集　　**オ** 東大寺

　　カ 太平記　　**キ** 薬師寺　　**ク** 新古今和歌集

□(3) 鎌倉時代に新しい仏教の教えを説いた僧として誤っているものを，次の**ア〜エ**から1つ選び，記号で答えなさい。(8点)〔宮城〕　　　　　　　　　　（　　　　　）

　　ア 親鸞　　**イ** 日蓮　　**ウ** 鑑真　　**エ** 栄西

✎ **記述問題にチャレンジ**

　鎌倉時代，地頭には女性も多く任命された。**その理由を「分割相続」という語句を用いて，簡単に答えなさい。**〔和歌山〕

〔　　　　　　　　　　　　　　　　　　　　　　　　　　　　　　　　　　　〕

✔ **Check Points**　**3** (1) 3代執権北条泰時が定め，長く武士の根本法として重んじられた。
　　　　　　　　　(3) 念仏や題目を唱えることで救われると説く宗派と座禅で悟りを開く宗派が生まれた。

5 時間目

入試重要度 ▷ A **B** C

室町幕府と民衆の成長

解答➡別冊 p.4

時間 **40**分　得点
合格点 **80**点　　　点

1 [室町時代の動き] 次の問いに答えなさい。

□(1) 次の文中の **X・Y** にあてはまる語句の組み合わせ
として正しいものを，あとの**ア～エ**から１つ選び，
記号で答えなさい。(5点)〔和歌山〕　　　（　　　）

> 　　**資料Ⅰ**は，（ **X** ）と呼ばれるもので，建武の新
> 政を始めた（ **Y** ）の御所の目の前に掲げられた。

資料1

> このごろ都ではやっているものは，夜襲，
> 強盗，天皇のにせの命令。囚人，急使を
> 乗せた早馬，たいしたこともないのにお
> こる騒動。　　　　　　　　（部分要約）

　ア X―二条河原落書　**Y**―後醍醐天皇　　**イ X**―御伽草子　**Y**―後醍醐天皇
　ウ X―二条河原落書　**Y**―後鳥羽上皇　　**エ X**―御伽草子　**Y**―後鳥羽上皇

□(2) 足利尊氏が開いた室町幕府に置かれていた，将軍を補佐する役職を何というか，答えなさ
い。(5点)　　　　　　　　　　　　　　　　　　　　　　　　　　　　　　（　　　　）

□(3) ３代将軍足利義満が行ったこととして正しいものを，次の**ア～エ**から１つ選び，記号で答
えなさい。(5点)〔徳島－改〕　　　　　　　　　　　　　　　　　　　　　　（　　　）
　ア 御成敗式目を定め，裁判を公平に行うための基準とした。
　イ 自由に商工業ができるように，楽市令を出した。
　ウ 宋との貿易を活発にするために，兵庫の港を整えた。
　エ 南北朝の統一に成功し，60年近く続いた内乱を終わらせた。

★重要 □(4) **資料2**は，足利義満が中国と貿易を行ったときに使用した合札である。
これを使った貿易を何というか，答えなさい。(5点)　（　　　　　）

資料2

★重要 □(5) (4)の貿易において，合札が使われた目的を簡単に答えなさい。(10点)
〔奈良－改〕（　　　　　　　　　　　　　　　　　　　）

□(6) (4)の貿易について述べた次の文中の **A・B** から適切な語句を１つずつ選
び，記号で答えなさい。(5点×2)〔大阪〕　　**A**（　　　）**B**（　　　）

> 　貿易船は中国の**A**〔**ア** 重慶　　**イ** 寧波　　**ウ** 香港〕に入港し，合札の照合を受け，おも
> に生糸や**B**〔**ア** 硫黄　　**イ** 刀剣　　**ウ** 銅銭〕を輸入した。

差がつく □(7) この時代の農民の動きとして不適切なものを，次の**ア～エ**から１つ選び，記号で答えな
さい。(10点)　　　　　　　　　　　　　　　　　　　　　　　　　　　　（　　　）
　ア 団結を固めた農民が，土倉や酒屋などを襲った。
　イ 自衛意識の高まった農民が，守護大名に抵抗した。
　ウ 有力な農民が，庄屋(名主)となり，村の政治を運営した。
　エ 力をつけた農民が，惣と呼ばれる自治組織をつくった。

✔ Check Points　**1** (3) 他にも「花の御所」の造営や太政大臣就任など，室町幕府の権力は頂点に達した。
　　　　　　　　(5) 14世紀ごろから大陸の沿岸を荒らしまわる者が現れ，倭寇と呼ばれて恐れられていた。

入試攻略Points
（→別冊 p.5）

❶勘合貿易をはじめとする，東アジアとの交流を整理しておこう。
❷応仁の乱とその影響，戦国大名の出現や民衆の成長についておさえておこう。
❸室町時代の文化を整理しておこう。金閣―足利義満，銀閣―足利義政を混同しないように。

2 ［下剋上の時代］次の問いに答えなさい。(5点×4)

□(1) 次の文中の**a・b**にあてはまる語句を答えなさい。〔香川－改〕

a（　　　　　　）　　b（　　　　　　）

> 農民や町人が高利貸しを襲い，借金の証文を焼き捨て幕府に（ **a** ）の発布を求めた。加賀国では，浄土真宗の信徒の農民・武士・僧などが（ **b** ）をおこし，守護大名を倒した。

□(2) 戦国大名が自分の領国を支配するため，独自に定めた法律を何というか，答えなさい。

〔高知－改〕（　　　　　　）

□(3) 右の史料は(2)の法律の一例である。史料の条文の
入った法律を定めた戦国大名を，次の**ア～エ**から
1つ選び，記号で答えなさい。〔沖縄〕　（　　　）

> 一，けんかをした者は，いかなる理由であっても処罰する。
> （「甲州法度之次第」より一部要約）

ア 織田信長　　**イ** 上杉謙信　　**ウ** 足利義満　　**エ** 武田信玄

3 ［室町時代の文化］次の問いに答えなさい。(10点×3)

□(1) 図1の金閣に見られる室町時代の文化の特色を，次の**ア～エ**から
1つ選び，記号で答えなさい。〔熊本〕　（　　　）

ア 貴族と武士の文化がとけあっている。

イ 武士をにない手とし，質素で気品がある。

ウ 大名や大商人の経済力を反映し，壮大で豪華である。

エ 経済力をもった都市の商人がにない手となっている。

図1

□(2) 能を大成させた父子は観阿弥とだれか，その人物の名を漢字3字
で答えなさい。〔奈良－改〕　（　　　　　　）

図2
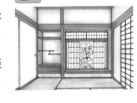

重要 □(3) 図2の東求堂同仁斎に見られるような特徴を取り入れた住居の様
式を何というか，答えなさい。〔長崎〕　（　　　　　　）

📝 **記述問題にチャレンジ**

右の**資料1・資料2**を
参考に，15世紀ごろに琉
球王国が栄えた理由を簡
単に答えなさい。〔新潟〕

資料1 15世紀ごろの琉球王国の交易路
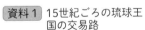

首里

資料2 15世紀ごろの琉球王国のおもな交易品

産地	産物
琉球	硫黄
日本	武具，屏風
東南アジア	香辛料，象牙
中国	生糸，絹織物，陶磁器，銅銭
朝鮮	朝鮮人参

〔　　　　　　　　　　　　　　　　　　　　　　　　　　　　　〕

✔ **Check Points**
2 (3)「甲州法度之次第」の「甲州」は甲斐国(山梨県)の別称。
3 (3) 東求堂同仁斎は，銀閣と同じ敷地にある東求堂の中にある，足利義政の書斎である。

1時間目
2時間目
3時間目
4時間目
5時間目
6時間目
7時間目
8時間目
9時間目
10時間目
11時間目
12時間目
13時間目
14時間目
15時間目
総仕上げテスト

月　日

入試重要度　A **B** C

ヨーロッパ人の来航と全国統一

時間 **40**分
合格点 **80**点

解答➡別冊 p.5

得点

点

1 ［ヨーロッパ人の来航］次の文を読んで，あとの問いに答えなさい。

> a鉄砲が日本に伝わると，国内の刀鍛冶により複製品がつくられ，b戦国時代の戦い方に変化をもたらした。また，cフランシスコ=ザビエルが日本にキリスト教を伝えると，dキリスト教徒になる戦国大名も現れた。また，e織田信長が仏教勢力をおさえるため，キリスト教を保護したことで，キリスト教の信者は急速に増大した。

□(1) 下線部 a について，**A** 鉄砲が伝わった場所と**B** 複製品の生産の中心となった都市を，**地図**中の**ア〜カ**から１つずつ選び，記号で答えなさい。(5点×2)〔兵庫－改〕　　**A**（　　）　**B**（　　）

地図

□(2) 下線部 b について，1575年に織田信長が鉄砲を有効に用いて武田勝頼を破った戦いを，次の**ア〜エ**から１つ選び，記号で答えなさい。(6点)〔大阪〕　　（　　）
　　ア 長篠の戦い　　**イ** 桶狭間の戦い
　　ウ 関ヶ原の戦い　　**エ** 鳥羽・伏見の戦い

(3) 下線部 c について，次の問いに答えなさい。(7点×2)

□① フランシスコ=ザビエルが日本を訪れる背景になったことがらとして最も適切なものを，次の**ア〜エ**から１つ選び，記号で答えなさい。〔広島〕　　（　　）
　　ア 産業革命　　**イ** ルネサンス　　**ウ** 市民革命　　**エ** 宗教改革

⚡差がつく □② フランシスコ=ザビエルの来日以前に海外でおこったできごとを，次の**ア〜エ**から３つ選び，年代の古い順に並べかえなさい。〔千葉－改〕　　（　　→　　→　　）
　　ア コロンブスが西インド諸島に到達した。
　　イ イタリアでルネサンスが始まった。
　　ウ イギリスで産業革命がおこった。
　　エ マゼラン一行が世界一周を達成した。

□(4) 下線部 d について，貿易による利益を目的にキリスト教徒になる戦国大名も多かった。この貿易で日本から最も多く輸出された品物として適切なものを，次の**ア〜エ**から１つ選び，記号で答えなさい。(10点)〔山口－改〕　　（　　）
　　ア 銀　　**イ** 生糸　　**ウ** 米　　**エ** 砂糖

□(5) 下線部 e について，織田信長が商業を活発にするために打ち出した政策について説明した次の文中の**X・Y**にあてはまる語句を答えなさい。(5点×2)〔福井〕

　　　　　　　　　　　　　　　　　X（　　　　　）　**Y**（　　　　　）

> 各地の（ **X** ）を廃止して自由な交通を許し，市場の（ **Y** ）を免除した。

✔ **Check Points**　**1** (1) A 1543年，漂着した中国船に乗っていたポルトガル人が伝えた。
　　(4) 少年使節をローマ教皇のもとに派遣した九州のキリシタン大名もいた。

入試攻略Points
（→別冊 p.6）

❶ヨーロッパにおける中世から近世への変革を整理しておこう。
❷織田信長の統一事業を整理しておこう。
❸豊臣秀吉の兵農分離政策と対外政策を理解しておこう。

2 ［安土桃山時代］次の問いに答えなさい。

□(1) 織田信長が全国統一の拠点と定めた安土の位置として最も適当なものを，**資料 l** 中の**ア～エ**から 1 つ選び，記号で答えなさい。（5 点）〔大分〕　　　　　　　（　　　）

資料 1

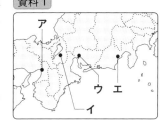

(2) 豊臣秀吉について，次の問いに答えなさい。（10 点×3）

□① 太閤検地について述べた文として正しくないものを，次の**ア～エ**から 1 つ選び，記号で答えなさい。〔高知〕　（　　　）

　　ア　検地の調査結果は，検地帳に記録された。

　　イ　農民は，石高に応じた年貢を納めることになった。

　　ウ　武士は，自分の領地の石高に応じて軍事上の負担を負うことになった。

　　エ　荘園の領主である公家や寺社は，もっていた土地の権利をすべて認められた。

□② 秀吉が兵農分離を進めるために，太閤検地とともに行った，農民などから武器を取り上げた政策を何というか，答えなさい。〔静岡〕　　　　　　　　　　（　　　　　　）

□③ 秀吉がキリスト教の布教を禁止するために行った政策について述べた文として正しいものを，次の**ア～エ**から 1 つ選び，記号で答えなさい。〔山口〕　　（　　　）

　　ア　平戸のオランダ商館を長崎の出島に移して，外国との交流を制限した。

　　イ　日本人が海外へ渡ることや，海外に渡っていた日本人の帰国を禁止した。

　　ウ　長崎がイエズス会に寄進されたことを知り，キリスト教宣教師を国外に追放した。

　　エ　キリスト教徒を発見するため，キリストの像などを踏ませる絵踏を行った。

(3) 安土桃山時代の文化について，次の問いに答えなさい。

□① 商人出身で，豊臣秀吉にも仕え，茶の湯をわび茶として完成させた，**資料 2** の人物の名を答えなさい。（10 点）〔長野〕　　　　　　（　　　　　　）

資料 2

□② この時代に，新しい技術をもたらしたヨーロッパの文化が日本に大きな影響を与えた。この文化を何というか，答えなさい。（5 点）〔富山－改〕

　　　　　　　　　　　　　　　　　　　　（　　　　　　）

✎ 記述問題にチャレンジ

　16 世紀ごろ，ポルトガル人やスペイン人は，アジアへの新航路を開拓し，日本にも来航するようになった。**ポルトガル人やスペイン人が新航路を開拓した理由を「イスラム商人」，「価格」，「直接」という語句を用いて，簡単に答えなさい。**〔鹿児島〕

[

]

✓ Check Points　　**2** (2) ②兵農分離を進めるとともに，一揆を防止する目的もあった。
　　　　　　　　　　　(3) ②スペインやポルトガルの貿易商人や宣教師によってもたらされた。

1 時間目
2 時間目
3 時間目
4 時間目
5 時間目
6 時間目
7 時間目
8 時間目
9 時間目
10 時間目
11 時間目
12 時間目
13 時間目
14 時間目
15 時間目
総仕上げテスト

入試重要度 **A** B C

江戸幕府の成立と鎖国

時間 **40**分　合格点 **80**点　得点　点

解答⇒別冊 p.6

1 [江戸幕府の成立] 次の問いに答えなさい。

□(1) 江戸幕府成立前後のできごとについて述べた次の**ア〜ウ**を，年代の古い順に並べかえなさい。(10点)〔愛光高－改〕　　　　　　　　　　　　　　(　→ 　→ 　)

ア 徳川家康は全国の大名を動員して，大阪城にたてこもる豊臣氏やそれに従う武将を包囲した。

イ 全国の大名が，石田三成のもとに集まった西軍と徳川家康に従った東軍に分かれて戦った。

ウ 徳川家康が朝廷から征夷大将軍に任命され，江戸に幕府を開いた。

□(2) 江戸時代，大名が幕府から与えられた領地とその領地を支配するしくみを何というか，答えなさい。(10点)〔静岡〕　　　　　　　　　　　　　　　　　　　(　　　　　)

★重要 (3) 江戸幕府が大名を統制するために制定した法令について，次の問いに答えなさい。

　□① この法令を何というか，答えなさい。(10点)〔宮城〕　　　　(　　　　　)

　□② この法令の条文の内容として適切なものを，次の**ア〜ウ**から1つ選び，記号で答えなさい。(5点)〔長野－改〕　　　　　　　　　　　　　　　　　　(　　　　　)

　ア この町は楽市としたので，いろいろな座は廃止し，さまざまな税や労役は免除する。

　イ 諸国の城は，修理をする場合であっても，必ず幕府に申し出ること。

　ウ 諸国の百姓が刀や脇差，弓，槍，鉄砲，その他の武具をもつことはかたく禁止する。

　□③ 次の条文は，この法令に第3代将軍徳川家光が追加したものである。幕府は大名に何をさせるために，このような制度を設けたのか。経済的影響に着目して，解答欄に合うように答えなさい。(10点)〔沖縄〕

　(幕府は大名に　　　　　　　　　　　　　　　　　　　　　　　　　　　ため。)

　> 大名が自分の領地と江戸とを交代で住むように定める。毎年4月に江戸に参勤せよ。

(4) 江戸時代初期の外交政策について，次の問いに答えなさい。

　□① 右の図は，江戸時代初期に行われた貿易に従事した□□□船である。大名や大商人には海外渡航を許可する□□□状が与えられ，貿易がさかんになった。□□□に共通してあてはまる語句を答えなさい。(8点)〔三重－改〕(　　　　　)

　□② この貿易によって，海外に移住する日本人が増え，日本町ができた。日本町のうち，山田長政が指導者となり活躍したアユタヤの位置する現在の国や地域として正しいものを，次の**ア〜エ**から1つ選び，記号で答えなさい。(5点)〔北海道－改〕　(　　　　　)

　ア ブラジル　**イ** ハワイ　**ウ** 中国　**エ** タイ

✔ Check Points　**1** (2) 一万石以上の領地を与えられた武士を大名という。
　　　　　　　　(4) ①徳川家康は積極的な貿易政策をとっていた。

入試攻略Points
(→別冊 p.7)

❶江戸幕府のしくみについて整理しておこう。
❷幕府のキリスト教政策と，鎖国への道すじをつかんでおこう。
❸4つの窓口で行われた交流についておさえておこう。

---

2 ［鎖国］ 次の問いに答えなさい。

□(1) 江戸幕府が鎖国を行ったおもな理由を，次の**ア〜エ**から2つ選び，記号で答えなさい。

(6点×2)〔富山−改〕（　　　　）（　　　　）

ア 幕府が，西国の大名たちが貿易によって経済力を強めることをおそれたため。
イ イギリスが，キリスト教の布教によって日本を植民地にしようとしたため。
ウ 豊臣秀吉による朝鮮侵略の失敗のあと，中国や朝鮮との関係が悪化したため。
エ 幕府の方針と合わないキリスト教の取り締まりを徹底させるため。

重要 □(2) 鎖国までの歩みについて述べた次の**ア〜エ**を，年代の古い順に並べかえなさい。

(10点)〔福井−改〕（　　　→　　　→　　　→　　　）

ア 平戸のオランダ商館を長崎の出島に移した。　　イ ポルトガル船の来航を禁止した。
ウ フランシスコ＝ザビエルが鹿児島に到着した。　エ 島原・天草一揆がおこった。

□(3) 右の図の場所での貿易を許された国の名を答えなさい。また，
幕府がその国に「風説書」と呼ばれる報告書を提出させてい
た目的を答えなさい。(国名5点，目的10点)〔石川−改〕

国名（　　　　　　　　）

目的（　　　　　　　　　　　　　　　　　　　　　　　　　　）

□(4) 右の表は，東アジアの国や地域とのかかわりに
ついて表している。表中の**X・Y**にあてはまる
語句の組み合わせとして正しいものを，次の**ア**
〜エから1つ選び，記号で答えなさい。(5点)〔和歌山〕

	朝鮮	蝦夷地
日本側が交易で得たもの	**X**	鮭・昆布
日本側の窓口となった藩	対馬藩	**Y**

（　　　　）

ア **X**―木綿・生糸　**Y**―薩摩藩　　イ **X**―木綿・生糸　**Y**―松前藩
ウ **X**―銀・銅　　　**Y**―薩摩藩　　エ **X**―銀・銅　　　**Y**―松前藩

✎ **記述問題にチャレンジ**

表は譜代大名と外様大名が徳川氏
に従った時期を，図の □ は外様
大名に与えられた領地を示す。表か
ら江戸幕府にとって，外様大名はど
のような存在であったと考えられるか。**図から読み取れる，江戸から**
見た外様大名の配置の特徴とあわせて，簡単に答えなさい。〔静岡〕

	徳川氏に従った時期
譜代大名	関ヶ原の戦い以前
外様大名	関ヶ原の戦いのころ

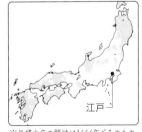

※外様大名の領地は1664年ごろのもの。

（　　　　　　　　　　　　　　　　　　　　　　　　　　　　　　）

✔ **Check Points** **2** (3) 中国の商人は長崎の唐人屋敷で商取引を行った。
(4) 朝鮮からは将軍の代替わりごとに朝鮮通信使も派遣された。

1 時間目
2 時間目
3 時間目
4 時間目
5 時間目
6 時間目
7 時間目
8 時間目
9 時間目
10 時間目
11 時間目
12 時間目
13 時間目
14 時間目
15 時間目
総仕上げテスト

8 時間目

入試重要度 A B C

産業の発達と幕府政治の動き

月　日

時間 **40**分
合格点 **80**点
得点 　点

解答⇒別冊 p.7

1 [江戸時代の社会・産業・交通] 次の問いに答えなさい。(7点×8)

☆重要 □(1) 江戸時代に，多くの藩が大阪に置いた，年貢米や特産物を運び入れて保管したり，取り引きを行ったりする施設を何というか，答えなさい。〔奈良〕（　　　　　　）

□(2) 江戸時代の産業や交通について説明した文として適切でないものを，次の**ア〜エ**から1つ選び，記号で答えなさい。〔富山－改〕（　　　　　　）

　ア 幕府は，おもな鉱山を直接支配し，貨幣の発行権を独占した。

　イ 産業の発達により，五街道では人の行き来や商品輸送がさかんであった。

　ウ 商人や手工業者が，座という同業者の団体をつくり，営業を独占した。

　エ 幕府や藩は，土地の開墾に力を注ぎ，新田開発を進めた。

□(3) **資料1**は，江戸時代，都市で，米の値上りに苦しんだ民衆がおこしたできごとを描いたものである。この絵に描かれているようなできごとを何というか，答えなさい。

　〔岩手－改〕（　　　　　　）

資料1

□(4) 江戸時代には，木綿やしょう油などの生産を作業所に働き手を集めて分業で行う工業のしくみが見られるようになった。この工業のしくみを何というか，答えなさい。〔山口〕

（　　　　　　）

□(5) **資料2**の ☐**X**☐ には，町人や農民の子どもたちが「読み・書き・そろばん」などの実用的な知識を学ぶ施設の名称が入る。この施設を何というか，答えなさい。〔島根〕（　　　　　　）

□(6) 人形浄瑠璃に関係する人物を，次の**ア〜エ**から1つ選び，記号で答えなさい。〔和歌山－改〕（　　　　　　）

　ア 俵屋宗達　　　**イ** 与謝蕪村
　ウ 喜多川歌麿　　**エ** 近松門左衛門

資料2

☐**X**☐ で「読み・書き」などを学ぶ子どもたち

□(7) 江戸時代に菱川師宣らが始め，のちに錦絵と呼ばれる多色刷りの版画などとして民衆の間で人気が広まったものを何というか，答えなさい。〔岡山〕（　　　　　　）

□(8) 文化・文政期に文化の中心は江戸に移った。この時期の文化についての記述として適切なものを，次の**ア〜エ**からすべて選び，記号で答えなさい。〔長野〕（　　　　　　）

　ア 旅先でのこっけいなことを描いた『東海道中膝栗毛』が著され，人気を集めた。

　イ 井原西鶴が，町人の喜びや悲しみを『世間胸算用』などの小説に描いた。

　ウ 千利休が，質素で静かな雰囲気を大切にする「わび茶」の作法を完成させた。

　エ 葛飾北斎や歌川広重が，優れた風景画を描いた。

✔ Check Points　**1** (3) 農村でおきる百姓一揆と混同しないこと。
　　　　　　　　　　(4) このしくみは19世紀に現れた。18世紀は問屋制家内工業だった。

入試攻略Points
（→別冊 p.8）

❶江戸時代の諸産業の発達について整理しておこう。
❷幕府財政の立て直しに取り組んだ三大改革と田沼の政治の特色を整理しておこう。
❸町人がになった元禄文化・化政文化と学問の発達をまとめよう。

2 ［江戸幕府の改革］ 次の問いに答えなさい。

(1) 徳川吉宗が行った改革について，次の問いに答えなさい。

□① 徳川吉宗が行った政策を，次の**ア〜エ**から１つ選び，記号で答えなさい。(8点)〔香川〕

（　　　）

ア 町人に出資させて，印旛沼などの干拓を行い，新田を増やそうとした。

イ アヘン戦争で清が敗れたことを知って，異国船打払令を緩和した。

ウ 人材の育成のために，湯島の聖堂を幕府の学校(昌平坂学問所)とした。

エ 公事方御定書という，裁判の基準となる法律をつくらせた。

□② 徳川吉宗の改革は江戸時代の学問の発達に影響を与えた。**資料Ⅰ**は江戸時代後期に杉田玄白らが出版した，『解体新書』の扉絵である。『解体新書』出版以降に本格的に広まった，ヨーロッパの学術や文化を研究する学問を何というか，答えなさい。また，この学問の発達に影響を与えた徳川吉宗のヨーロッパの書物に関する政策内容を簡単に答えなさい。

資料1

学問（　　　　　）

（学問8点，政策内容10点）〔静岡〕

政策内容（　　　　　　　　　　　　　　　　　　　　　）

★重要 (2) **資料2**は，幕府が行ったある改革である。この改革について，次の問いに答えなさい。

資料2

厳しい倹約を命じ，出版や風俗を取り締まった。また，農民の出稼ぎを禁止して村に帰し，株仲間を解散させた。

□① この改革を行った人物はだれか。次の**ア〜エ**から１つ選び，記号で答えなさい。(8点)（　　　）

ア 徳川吉宗　　**イ** 田沼意次　　**ウ** 水野忠邦　　**エ** 松平定信

□② 下線部はどのようなことをねらいとして行われたか，簡単に答えなさい。(10点)〔三重〕

（　　　　　　　　　　　　　　　　　　　　　　　　）

🖊 **記述問題にチャレンジ**

老中の田沼意次は，年貢だけに頼る従来の政策を転換し，財政の立て直しに取り組んだ。どのようにして財政の立て直しを図ったか，**資料１〜3**を関連づけて簡単に答えなさい。〔山梨〕

資料1 幕府の年貢収納高の推移

(1000石未満切り捨て)
1772年田沼意次が老中となる
※年貢収納高は各期間の平均を示している。（「日本史辞典」）

資料2 長崎の港の様子

資料3

ふかひれ　　干しあわび

（　　　　　　　　　　　　　　　　　　　　　　　　　　　　　）

✓ **Check Points** **2** (1)は享保の改革，(2)は天保の改革といわれる。この２つの改革と寛政の改革を合わせて江戸の三大改革といわれる。いずれも質素・倹約を基本とした。

9 時間目

入試重要度 A B C

欧米の近代化と日本の開国

時間 **40**分　得点

合格点 **80**点　　　点

解答➡別冊 p.8

月　　日

1 [欧米の近代化] 次の問いに答えなさい。

(1) 次の**資料1**と**資料2**について，あとの問いに答えなさい。(6点×2)〔山梨〕

資料1 フランス革命前後の税負担を表した風刺画

A　貴族／僧／平民
B　僧／平民／貴族

資料2 法と権力と国民の関係を表した模式図

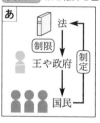
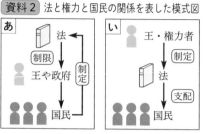

あ　法←制限　王や政府　制定→国民
い　王・権力者　制定→法　支配→国民

□① ルイ14世の時代からフランス革命直前までのフランスの社会の様子を，**資料1**中のいずれかの風刺画と**資料2**中のいずれかの模式図で表す場合，その組み合わせとして正しいものを，次の**ア〜エ**から1つ選び，記号で答えなさい。　　（　　　）

ア A―あ　**イ** A―い　**ウ** B―あ　**エ** B―い

□② **資料1・2**に関連して，著書『社会契約論』で人民主権を唱えたフランスの思想家の名を答えなさい。　　　　　　　　　　　　　　　　　　　　　　（　　　　　　）

(2) 19世紀のイギリスのアジア貿易に関連して，次の問いに答えなさい。〔長野-改〕

□① 次の文中の**X〜Z**にあてはまる語句を，あとの**ア〜オ**から1つずつ選び，記号で答えなさい。(3点×3)　　　　　**X**（　　）　**Y**（　　）　**Z**（　　）

> イギリスはインドから綿織物などを，清から（　**X**　）や絹などを輸入し，両国へ（　**Y**　）を支払ったため（　**Y**　）が不足し，貿易は（　**Z**　）となった。そのため，当時，インド支配を始めたイギリスは，インド産のアヘンを清へ輸出して（　**Y**　）を獲得するようになった。その後，清はアヘンを取り締まり，売買を禁じた。

ア 銅銭　**イ** 銀　**ウ** 茶　**エ** 赤字　**オ** 黒字

★重要 □② ①の文中の下線部に関連して，日本や清でおきたできごとについて述べた次の**ア〜エ**を，年代の古い順に並べかえなさい。(11点)　　（　　　→　　　→　　　→　　　）

ア 幕府は異国船打払令をゆるめた。　　**イ** 日米修好通商条約が結ばれた。
ウ ペリーが浦賀に軍艦4隻で来航した。　**エ** イギリスは清に対し戦争をおこした。

□(3) アメリカの南北戦争について述べた次の文中の**X〜Z**について，正しい語句を1つずつ選び，記号で答えなさい。(4点×3)〔三重-改〕　　**X**（　　）　**Y**（　　）　**Z**（　　）

> **X**〔**ア** 自由貿易　**イ** 保護貿易〕を主張し，奴隷制度に反対する北部と，**Y**〔**ア** 自由貿易　**イ** 保護貿易〕を主張し，奴隷制度に賛成する南部の対立によっておこった南北戦争は，多大な被害を出した後，**Z**〔**ア** 北部　**イ** 南部〕の勝利で終わった。

✔ **Check Points** **1** (2) ①イギリスは産業革命に成功し，原料の供給地と市場をアジアに求めていた。
(3) リンカン大統領はこの戦争中に奴隷解放宣言を出した。

20

入試攻略Points
（→別冊 p.9）

❶市民革命と産業革命についてまとめておこう。
❷日米和親条約と日米修好通商条約の内容を整理しておこう。
❸ペリーの来航から江戸幕府滅亡までの道すじをつかんでおこう。

2 ［幕末の日本］ 次のA～Dの文を読んで，あとの問いに答えなさい。

> A 土佐藩の坂本龍馬らの仲立ちで，a薩摩藩と長州藩が同盟を結んだ。
> B b大老井伊直弼が，江戸城桜田門外で水戸藩などの浪士に暗殺された。
> C 将軍徳川慶喜は，政権の維持は困難と判断し，c朝廷に政権を返還した。
> D 下田と函館の港を開き，アメリカ船に燃料・食料などを供給することを認めた。

□(1) 下線部aの同盟が目ざしたことについて述べた文として最も適切なものを，次のア～エから1つ選び，記号で答えなさい。(6点)〔山口－改〕　　（　　　）
　ア 異国船打払令にしたがい，外国勢力を排除すること。
　イ 幕府を倒し，外国に対抗できる新しい統一国家をつくること。
　ウ 大隈重信などの立憲改進党を中心に，政党政治を実現すること。
　エ 陸奥宗光らに欧米諸国と交渉させ，条約改正を実現すること。

(2) 下線部bの井伊直弼が結んだ日米修好通商条約について，次の問いに答えなさい。
　□① 日米修好通商条約によって開かれた5港のうち，東京に最も近く，のちにわが国最大の貿易港となった港はどこか，答えなさい。(10点)　　（　　　）
　□② 貿易が始まると（ア 米　　イ 生糸　　ウ 毛織物）が大量に輸出され，品不足になった。（　）の中から正しいものを1つ選び，記号で答えなさい。(10点)〔群馬－改〕　（　　　）
　差がつく □③ 貿易開始後の日本経済について述べた次の文中のX・Yにあてはまる語句を，下の**表**を参考に答えなさい。(5点×2)〔和歌山－改〕　　X（　　　）　Y（　　　）

> 　開国当初，欧米と日本の金と銀の交換比率の違いを利用して，外国人は自国の（ X ）を日本に持ち込み，日本の（ Y ）に交換して自国に持ち帰った。幕府は貨幣の質を落として（ Y ）の流出を防ごうとしたが物価は急上昇し，民衆の幕府への不満は高まった。

表

	欧米の交換比率	日本の交換比率
	金1：銀15	金1：銀5

□(3) 下線部cを何というか，答えなさい。(10点)〔長崎〕　　（　　　）

差がつく □(4) A～Dの文を，年代の古い順に並べかえなさい。(10点)〔佐賀〕
　　　　　　　　（　　　→　　　→　　　→　　　）

✎ 記述問題にチャレンジ

　1858年に日米修好通商条約が結ばれ，貿易がさかんになるにつれて，国内の綿織物業は打撃を受けた。**その理由を「関税自主権」，「価格」という語句を用いて，簡単に答えなさい。**〔山口〕
〔　　　　　　　　　　　　　　　　　　　　　　　　　　　　　　　　　〕

✔ **Check Points** 　**2** (2) ②茶も日本の重要な輸出品となり，茶の栽培がさかんになった。
　　　　　　　　　　　(4) Bは桜田門外の変，Dは日米和親条約についての文である。

1 時間目
2 時間目
3 時間目
4 時間目
5 時間目
6 時間目
7 時間目
8 時間目
9 時間目
10 時間目
11 時間目
12 時間目
13 時間目
14 時間目
15 時間目
総仕上げテスト

明治維新と立憲制国家の形成

1 ［明治初期の改革］次の文を読んで，あとの問いに答えなさい。

> a 明治新政府は b 欧米諸国にならった近代化のためのさまざまな改革を推し進めた。なかでも，c 学制，徴兵令，d 地租改正は近代政策の基礎となり，e 国民生活に大きな影響を与えた。

(1) 下線部 a について，次の問いに答えなさい。(7点×2)

□① 新政府が1868年3月に定めた新しい政治の方針を何というか，答えなさい。〔青森〕

（　　　　　　　）

□② 中央集権の形をつくりあげるために，全国に新しく府や県を置き，府知事や県令を派遣して治めることにした改革を何というか，答えなさい。〔愛媛〕（　　　　　　　）

(2) 下線部 b について，次の問いに答えなさい。(7点×2)

□① 近代産業の育成を目的に欧米の技術を導入した官営工場などがつくられたが，明治政府が行ったこの政策を何というか，答えなさい。〔兵庫－改〕（　　　　　　　）

□② 右の**資料**の工場で生産された日本の代表的な輸出品を，次のア～エから1つ選び，記号で答えなさい。〔富山〕（　　　　）

ア 綿糸　**イ** 麻糸　**ウ** 生糸　**エ** 毛糸

資料

□(3) 下線部 c について，明治時代初期の教育について述べたものとして適切なものを，次のア～ウから1つ選び，記号で答えなさい。(7点)〔京都－改〕（　　　　）

ア 学制の公布により，小・中学校の9年間，満6歳以上の男子のみ義務教育を受けることになった。

イ 学制の公布により，すべての児童が小学校教育を受けることになり，日本の近代化に大きな役割を果たすことになった。

ウ 学制の公布により，デモクラシーの考え方が普及し，自主性を重視するなど自由主義的な教育が始められた。

★重要 □(4) 下線部 d について述べた文として適切なものを，次のア～エから1つ選び，記号で答えなさい。(8点)〔青森〕

（　　　　）

ア 政府は，土地の所有者と地価を定め，地券を発行した。

イ 課税の基準を，その土地の収穫高にした。

ウ 地租は地価の2.5％としたが，のちに3％に引き上げた。

エ 土地の所有者は，地租を米で納めた。

□(5) 下線部 e について，洋服を着たり，牛肉を食べたりするなどの人々の生活の変化を何というか，漢字4字で答えなさい。(7点)〔山形〕

（　　　　　　　）

✔ **Check Points** ❶ (1) ①明治天皇が神に誓う形で出された。
(2) ②**資料**の工場は，フランスの技術を導入し，群馬県に建設された。

入試攻略Points
（→別冊 p.10）

❶明治時代初期の三大改革（学制，徴兵令，地租改正）の内容をつかんでおこう。
❷自由民権運動のおこりから大日本帝国憲法発布までの流れをつかんでおこう。
❸大日本帝国憲法の特色や内容についておさえておこう。

2 ［近代日本のあゆみ］次の文を読んで，あとの問いに答えなさい。

右の人物の ▢X▢ は a 岩倉使節団の一員として欧米を視察し，国力を充実させることが必要であると感じた。b 板垣退助らによる c 国会の早期開設を目ざす運動を受け，▢X▢ は初代内閣総理大臣となり d 大日本帝国憲法の制定に力を尽くした。憲法発布の翌年，e 第 1 回帝国議会が開かれた。

重要 □(1) 空欄 ▢X▢ に共通してあてはまる人物の名を答えなさい。(8点)〔山口〕　（　　　）

□(2) 下線部 a の使節団が海外に渡った目的として最も適切なものを，次のア～エから 1 つ選び，記号で答えなさい。(8点)　（　　　）

　　ア　アジア・アフリカ会議への参加　　イ　ワシントン会議への参加
　　ウ　不平等条約の改正　　　　　　　　エ　ポーツマス条約の調印

□(3) 下線部 b の板垣退助が国会開設に備えて結成した政党の名を何というか，答えなさい。
　　(8点)〔新潟〕（　　　）

□(4) 下線部 c の運動を何というか，答えなさい。(8点)〔徳島－改〕　（　　　）

差がつく □(5) 下線部 d の憲法で定められたことがらについて述べた文として正しいものを，次のア～エから 1 つ選び，記号で答えなさい。(8点)〔三重〕　（　　　）

　　ア　天皇は，日本国・日本国民統合の象徴とされた。
　　イ　予算や法律の成立には，議会の同意が必要とされた。
　　ウ　基本的人権は，永久の権利として保障された。
　　エ　首長と議員は住民の選挙によって選ばれるとされた。

重要 □(6) 下線部 e について，次の文は，右の**資料**の選挙について説明したものである。下線部ア～ウから誤りを 1 つ選び，正しい語句を答えなさい。(5点×2)

　　　　　　記号（　　　）　語句（　　　）

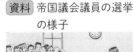
資料 帝国議会議員の選挙の様子

第 1 回帝国議会のア貴族院の議員は，選挙によって選出され，選挙権は，イ直接国税 15 円以上を納めるウ満 25 歳以上の男子のみに与えられていた。

✎ 記述問題にチャレンジ

明治 5 年に学制が公布され，全国に小学校がつくられたが，はじめは小学校の就学率は低いものであった。**小学校の就学率が低かった理由を簡単に答えなさい。**〔埼玉〕
〔　　　　　　　　　　　　　　　　　　　　　　　　　　　　　　　　　〕

✔ Check Points 　**2** (3) 板垣退助は，帰国した岩倉使節団の大久保利通らに征韓論を反対され，西郷隆盛らとともに政府を去った。

23

11 時間目 日清・日露戦争と近代産業

時間 **40**分
得点
合格点 **80**点

解答➡別冊 p.10

点

1 [日清・日露戦争] 右の略年表を見て，次の問いに答えなさい。(10点×6)

□(1) 次の文は，下線部 **a** について述べたものである。文中の( )の中から正しいものを1つ選び，記号で答えなさい。

〔熊本-改〕(   )

略年表

年	できごと
1894	a 日清戦争が始まる
1895	b 下関条約を結ぶ
	↕ W
1904	c 日露戦争が始まる
1910	日本が韓国を併合する

> 1894年，朝鮮半島の南部で発生した(ア 柳条湖事件 イ 甲午農民戦争 ウ 江華島事件)の鎮圧のため，清と日本が出兵したことが戦争へと発展した。

□(2) 下線部 **b** について述べた文として正しいものを，次のア～エから1つ選び，記号で答えなさい。〔茨城〕 (   )

ア 日本は，遼東半島(旅順・大連)の租借権と長春以南の鉄道の権利を譲り受けた。

イ 日本は，連合国軍に占領され，沖縄や小笠原諸島などは，アメリカが統治した。

ウ 日本は，山東省のドイツ権益の継承を認めさせた。

エ 日本は，朝鮮の独立を認めさせ，2億両の賠償金を手に入れた。

(3) Wの期間中におきた次のできごとについて，あとの問いに答えなさい。

> X 八幡製鉄所が操業を開始する。
> Y 日本がⅠ遼東半島を清に返還する。
> Z Ⅱ日英同盟を結ぶ。

□① X～Zを，年代の古い順に並べかえなさい。〔岐阜-改〕

(→   →   )

地図

□② 下線部Ⅰの遼東半島の位置を，右の**地図**中のA～Dから1つ選び，記号で答えなさい。〔長崎-改〕 (   )

□③ 下線部Ⅱの同盟を結んだ理由として最も適当なものを，次のア～エから1つ選び，記号で答えなさい。〔宮崎-改〕 (   )

ア ヨーロッパで勢力をのばしたドイツやイタリアなどのファシズムに対抗するため。

イ ロシア革命で成立した世界最初の社会主義政権であるソビエト政府に対抗するため。

ウ 義和団事件の後，大軍を満州にとどめ，韓国での権益を脅かすロシアに対抗するため。

エ 帝国主義の政策をとり，植民地を広げようとしたドイツに対抗するため。

□(4) 下線部 **c** について，この戦争の講和会議は日本の求めに応じて講和を仲介した国で開かれた。その国を，次のア～エから1つ選び，記号で答えなさい。〔静岡〕 (   )

ア アメリカ　イ ドイツ　ウ イギリス　エ フランス

✔ **Check Points** **1** (3) ②遼東半島はロシア・ドイツ・フランスによる三国干渉の結果，清に返還された。
(4) セオドア゠ローズベルト大統領が仲立ちを行った。

❶不平等条約改正までの道のりを整理しておこう。
❷日清・日露戦争の原因と結果について整理しておこう。
❸明治時代におこった日本の産業革命についてまとめておこう。

2 ［条約改正］次の問いに答えなさい。（10点×2）

ノルマントン号事件を描いた絵

□(1) 右に描かれた事件では，イギリス人船長に対して軽い罰しか与えられなかった。その理由を簡単に答えなさい。〔秋田－改〕

（　　　　　　　　　　　　　　　　　　　　　　　　）

重要 □(2) 条約改正が実現するまでのできごとについて述べた次の**ア～エ**を，年代の古い順に並べかえなさい。〔和歌山〕　　（　　→　　→　　→　　）

ア 井上馨は，鹿鳴館を建設して欧化政策をとった。

イ 陸奥宗光は，イギリスと交渉して，領事裁判権の撤廃に成功した。

ウ 岩倉具視は，使節団の代表として欧米に派遣された。

エ 小村寿太郎は，アメリカと交渉して，関税自主権の回復に成功した。

3 ［明治の産業革命］次の問いに答えなさい。

□(1) 明治時代の社会状況としてあてはまらないものを，次の**ア～エ**から1つ選び，記号で答えなさい。（10点）〔栃木－改〕　　（　　　）

ア 足尾銅山鉱毒事件などの公害が発生した。　　**イ** 工場制手工業が始まった。

ウ 資本主義が発展し，工場労働者が現れた。　　**エ** 三菱などの財閥が現れた。

差がつく □(2) 右の表は，日清戦争前後の日本のおもな貿易品目と貿易額に占める割合の変化を示す。表中**A・C**に入る貿易品目を，次の**ア～ウ**から選び，記号で答えなさい。（5点×2）

〔山梨－改〕 **A**（　　　）　**C**（　　　）

ア 生糸　**イ** 綿花　**ウ** 綿糸

〈輸入〉

1885年	%
A	17.7
砂糖	15.9
綿織物	9.8
毛織物	9.1

→

1899年	%
B	28.2
砂糖	7.9
機械類	6.2
鉄類	5.4

〈輸出〉

1885年	%
C	35.1
茶	17.9
水産物	6.9
石炭	5.3

→

1899年	%
C	29.1
A	13.3
絹織物	8.1
石炭	7.2

（「日本貿易精覧」など）

📝 記述問題にチャレンジ

資料1は日露戦争のころ，重税に苦しむ国民の様子を，資料2は日清戦争と日露戦争の比較を示したものである。日露戦争後に**日比谷焼き打ち事件**がおこった理由を，資料1と2を踏まえて簡単に答えなさい。〔鳥取〕

資料1 重税に苦しむ国民

資料2 日清戦争と日露戦争の比較

	動員兵数	戦費	賠償金
日清戦争	約24万人	約2億円	2億両※
日露戦争	約109万人	約17億円	なし

※当時の日本の国家予算の約3.6倍。

〔　　　〕

✔ **Check Points**　**2** (1) ノルマントン号事件は海難事件で，イギリス人乗組員は全員助かったが，日本人乗客は全員死亡した。

入試重要度 A B C

第一次世界大戦と日本

時間 **40**分 　得点

合格点 **80**点 　　　点

月　　　日

解答➡別冊 p.11

1 ［第一次世界大戦と戦後の動き］次の問いに答えなさい。

□(1) 第一次世界大戦に関連して述べた次の文中の（　）に共通してあてはまる国を，あとの**ア〜エ**から１つ選び，記号で答えなさい。(8点)　　　　　　　　　　　　　　　（　　　）

> サラエボという都市で，（　　　）の皇太子夫妻が，セルビアの青年によって暗殺されるという事件がおきた。この事件をきっかけとして（　　　）がセルビアに宣戦すると，次々と参戦国が増え，世界規模の戦争になった。

ア ロシア　　**イ** ドイツ　　**ウ** オーストリア　　**エ** イギリス

□(2) 第一次世界大戦後のパリ講和会議について述べた文として適切なものはどれか。次の**ア〜エ**から１つ選び，記号で答えなさい。(8点)　　　　　　　　　　　　　　（　　　）

ア 平和条約が結ばれ，日本は独立国として主権を回復した。

イ ドイツは植民地のすべてを失い，領土も縮小され，巨額の賠償金を課せられた。

ウ 樺太の南半分や沿海州沿岸の漁業権などを，日本はロシアから獲得した。

エ 日本が希望していた条約改正がなされ，領事裁判権が撤廃された。

□(3) 二十一か条の要求の取り消しを求めて，1919年５月に北京の学生が政府にデモをおこし，運動は市民や労働者に広がっていった。この運動を何というか。次の**ア〜エ**から１つ選び，記号で答えなさい。(8点)〔神奈川−改〕　　　　　　　　　　　　　（　　　）

ア 三・一独立運動　　**イ** 自由民権運動　　**ウ** 五・四運動　　**エ** 護憲運動

(4) 1920年に設立された国際連盟について，次の問いに答えなさい。(8点×2)〔山形〕

□① 右の写真の人物は，国際連盟の設立に貢献したアメリカ大統領である。この人物の名を答えなさい。　　　　　　（　　　　　　　　　）

□② 国際連盟設立時の状況について述べた文として正しいものを，次の**ア〜エ**から１つ選び，記号で答えなさい。　　　　　　（　　　）

ア 193か国の加盟が認められた。

イ 本部はオーストリアのウィーンに置かれた。

ウ 安全保障理事会では，５つの国に拒否権が認められた。

エ 日本は，イギリス，フランス，イタリアとともに常任理事国になった。

✎差がつく □(5) 大正時代の日本と世界のかかわりについて述べた次の**ア〜ウ**を，年代の古い順に並べかえなさい。(10点)〔熊本〕　　　　　　　　　　　　　（　　　→　　　→　　　）

ア ワシントン会議で海軍の主力艦の保有制限などを取り決めた。

イ 二十一か条の要求の大部分を中国に認めさせた。

ウ 日英同盟を理由に第一次世界大戦に参戦した。

✔ **Check Points** 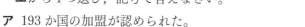 **1** (3) 日本が中国に出した二十一か条の要求を，パリ講和会議で各国が認めたため，北京の学生のデモをきっかけに，中国の各地に反日・反帝国主義運動が波及した。

入試攻略Points
(→別冊 p.12)

❶第一次世界大戦とその後の社会の変化について整理しておこう。
❷第一次世界大戦への日本のかかわりについて理解しよう。
❸大正デモクラシーと社会運動についてまとめよう。

2 ［大正時代］次の問いに答えなさい。

★重要 (1) 次の文を読んで，あとの問いに答えなさい。

> 　　X　を見越した米の買い占めなどにより米騒動がおこると，軍人出身の寺内正毅首相は
> 責任をとって辞職し，その後，　　Y　が初めての本格的な政党内閣を組織した。

□① 文中の空欄 X・Y にあてはまる語句・人物の名を答えなさい。(8点×2)〔新潟－改〕

X（　　　　　　　　　）　Y（　　　　　　　　　）

□② 文中の下線部について，この内閣は外務・陸軍・海軍の3大臣以外の閣僚をすべて，
衆議院の第一党の党員が占めていた。この政党として正しいものを，次のア〜エから
1つ選び，記号で答えなさい。(8点)〔千葉〕　　　　　　　　　（　　　　）

ア 自由党　　　イ 立憲政友会　　　ウ 立志社　　　エ 立憲改進党

□(2) 右の**資料**について，この制度の導入に賛成した人と反対した人
の意見として適当なものを，次のア〜エから1つずつ選び，記
号で答えなさい。(5点×2)〔愛知－改〕　賛成（　　　）　反対（　　　）

資料
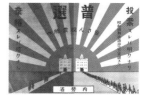

ア 現在の社会組織に打撃を与えることを目的に，納税資格を撤
廃せよという訴えは実に危険である。

イ 外国の軍隊が駐留することは，日本の国始まって以来の不自然なできごとである。

ウ 日米両国の友好関係は戦後的色彩を一掃し，まったく新たな段階に入ったのである。

エ 現在の有権者は地方の地主が大多数であり，彼らの多くは高齢で狭い知識しかもって
いない。彼らによって選出された者は地主と富豪の代表でしかない。

★重要 □(3) 吉野作造は，天皇主権のもとでも民衆の考えに基づいた政治を行うことを主張した。この
主張を何というか，漢字4字で答えなさい。(8点)〔岡山〕　　　　　（　　　　　　　　）

□(4) 部落解放を目ざして1922年に結成された団体を何というか，漢字5字で答えなさい。

(8点)〔福島〕（　　　　　　　　　）

✎ 記述問題にチャレンジ

　第一次世界大戦中の日本は好景気であったが，人々の生活は苦しくなっ
た。**その理由を，右の資料から読み取れることをもとに「労働者」という
語句を用いて，簡単に答えなさい。**〔鹿児島〕

資料 物価と賃金の推移
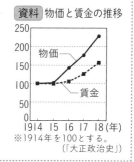
※1914年を100とする。
（「大正政治史」）

[　　　　　　　　　　　　　　　　　　　　　　　　　　　]

✔ Check Points
2 (1) ①富山県の漁村の主婦がおこした米の安売り要求は，全国の都市に拡大した。
(3) 美濃部達吉の天皇機関説とともに大正デモクラシーに影響を与えた。

1時間目
2時間目
3時間目
4時間目
5時間目
6時間目
7時間目
8時間目
9時間目
10時間目
11時間目
12時間目
13時間目
14時間目
15時間目
総仕上げテスト

13 時間目 第二次世界大戦と日本

時　間　**40**分

合格点 **80**点

得点　　　　点

解答➡別冊 p.12

---

1 ［第二次世界大戦］次の問いに答えなさい。

★重要 (1) 世界恐慌とその影響について，次の問いに答えなさい。

□① 世界恐慌に対して，イギリスとドイツがとった対応を，次の**ア〜エ**から１つずつ選び，記号で答えなさい。(5点×2)〔熊本〕　　　イギリス（　　　）　ドイツ（　　　）

　　ア アジアやアフリカなどの植民地と経済的なつながりを強め，他国の商品を排除した。

　　イ ニューディール政策を実施し，公共事業による雇用を図った。

　　ウ 一党独裁体制を確立して言論や思想の自由を奪い，軍備の拡大に努めた。

　　エ 「五か年計画」と呼ばれる計画経済を始め，工業化と農業の集団化を進めた。

□② 右の**グラフ**は，日本，アメリカ，イギリス，ソ連の鉱工業生産指数の推移を示す。**グラフ**中**X**にあたる国を，次の**ア〜エ**から１つ選び，記号で答えなさい。(10点)〔福島−改〕（　　　）

　　ア 日本　　　　**イ** アメリカ

　　ウ イギリス　　**エ** ソ連

グラフ 日本，アメリカ，イギリス，ソ連の鉱工業生産指数の推移

（グラフ：縦軸 0〜300，横軸 1928〜35（年），X の矢印が付く。）

※1929年の生産量を100とした場合の指数。
（「明治以降本邦主要経済統計」）

□(2) 第二次世界大戦中のできごととして述べた次の**A・B**の文の正誤の組み合わせとして正しいものを，あとの**ア〜エ**から１つ選び，記号で答えなさい。(10点)〔長崎〕（　　　）

　A 新渡戸稲造が国際連盟の設立に際して事務局次長に選ばれた。

　B 杉原千畝がナチスの迫害から逃れたユダヤ人にビザを発行した。

　ア A―正　B―正　　**イ** A―正　B―誤　　**ウ** A―誤　B―正　　**エ** A―誤　B―誤

差がつく □(3) 太平洋戦争開戦までの国際情勢について述べた次の**ア〜ウ**を，年代の古い順に並べかえなさい。(10点)〔熊本〕　　　　　（　　　→　　　→　　　）

　ア ドイツがソ連と不可侵条約を結び，ポーランドに侵攻を開始した。

　イ アメリカが日本への石油などの輸出を禁止した。

　ウ 日本がドイツ・イタリアと日独伊三国同盟を結んだ。

差がつく □(4) 右の図は，実線は日本が結んだ三国同盟，点線は ABCD 包囲網を示している。太平洋戦争が始まる直前の国際情勢を表したものを，図の**ア〜エ**から１つ選び，記号で答えなさい。(10点)〔岩手〕（　　　）

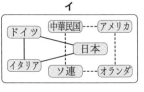

✔ **Check Points**　**1** (1) ②社会主義経済は，比較的景気の影響を受けにくい。

　　　　　　　　　　　(4) ABCD は各国の頭文字をとっている。

入試攻略Points
(→別冊 p.13)

❶世界恐慌に対する各国の対応について整理しておこう。
❷政党政治が終わり，軍部が台頭していく過程を理解しよう。
❸日中戦争から敗戦に至るまでの流れを整理しておこう。

2 ［昭和時代・戦前］次の問いに答えなさい。

重要 □(1) **資料1**は，海軍の青年将校らが首相官邸を襲った事件を報じた新聞記事の一部である。政党政治が終わりを告げたこの事件を何というか，答えなさい。(10点)〔徳島－改〕（　　　　　　　）

資料1

差がつく □(2) **資料2**について説明した次の文中の空欄にあてはまる内容を，**図**を参考に「承認」という語句を用いて，簡単に答えなさい。(15点)〔岡山〕
（　　　　　　　　　　　　　　　　）

> **資料2**は1933年の国際連盟の総会で□□□の引き上げを求める勧告案が採択されたときの新聞記事である。これに反発した日本政府は，翌月に国際連盟からの脱退を通告した。

資料2

□(3) 次の文中の**X・Y**にあてはまる語句の組み合わせとして正しいものを，あとの**ア～エ**から1つ選び，記号で答えなさい。(10点)〔神奈川〕
（　　　　）

> 日本と□X□との戦争中に，日本では国家総動員法が制定された。この法律によって，大日本帝国憲法で議会に認められている□Y□に関する機能は大きく制限され，政府は国民や物資を優先して戦争に回すことができるようになった。

図 1931～32年の日本軍の進路
※日本軍の進路を→で示している。

ア X―アメリカ　Y―法律の制定
イ X―アメリカ　Y―軍隊の指揮
ウ X―中国　　　Y―法律の制定
エ X―中国　　　Y―軍隊の指揮

□(4) 昭和時代におきたできごとについて述べた次の**ア～エ**を，年代の古い順に並べかえなさい。(15点)〔栃木－改〕（　　→　　→　　→　　）

ア 学徒出陣が始まった。　　イ 日本海軍が真珠湾のアメリカ軍基地を奇襲攻撃した。
ウ 満州国が建国された。　　エ 国家総動員法が制定された。

📝 記述問題にチャレンジ

太平洋戦争のころ，日本では寺の鐘が供出されるようになった。**その理由を簡単に答えなさい。**〔富山－改〕

［　　　　　　　　　　　　　　　　　　　　　　　　　　　　　　　　　　］

✔ Check Points　2 (1) 暗殺された犬養毅首相は，大正時代に尾崎行雄とともに第一次護憲運動を主導した。
(4) 大学生は徴兵を猶予されていたが，文科系の学生が徴兵されることになった。

入試重要度 A B C

日本の民主化と 2 つの世界

時間 **40**分　合格点 **80**点

解答 ➡ 別冊 p.13

得点　　　　点

月　日

---

1 ［戦後の民主化］次の問いに答えなさい。

□(1) 太平洋戦争後，わが国で行われた改革を，次の**ア～エ**からすべて選び，記号で答えなさい。

(8点)〔京都 – 改〕（　　　　　）

ア 経済界に大きな支配力をもっていた三井・三菱・住友・安田などの財閥を解体した。

イ 納税額による制限選挙にかわって，満25歳以上のすべての男子に選挙権を与えた。

ウ 義務教育をそれまでの 6 年間から 9 年間に延長し，新しい学校制度を設けた。

エ 近代化を進めるため，四民平等を唱え，今までの身分制度を廃止した。

★重要 (2) 右の**グラフ**は自作地と小作地の割合の変化を表したものである。この**グラフ**を見て，次の問いに答えなさい。

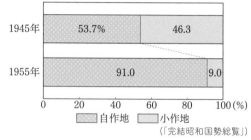

グラフ 自作地と小作地の割合の変化

1945年　53.7%　46.3

1955年　91.0　9.0

0　20　40　60　80　100(%)
自作地　小作地
（「完結昭和国勢総覧」）

□① 戦後の民主化政策のうち，この変化に大きくかかわる政策を何というか，漢字 4 字で答えなさい。(8点)〔福島〕（　　　　　）

□② このような変化が生じた理由を，「政府が」という書き出しで，答えなさい。(10点)〔福岡〕

（政府が　　　　　　　　　　　　　　　　　　　）

□(3) 経済の民主化政策と関連の深い法律は何か。次の**ア～エ**から 1 つ選び，記号で答えなさい。(6点)〔富山 – 改〕（　　　　　）

ア 独占禁止法　　**イ** 治安維持法　　**ウ** 製造物責任法　　**エ** 国家総動員法

□(4) わが国の衆議院議員総選挙の有権者数が，1942 年と 1946 年を比較すると，約 2.5 倍に増加している。このように増加したのは，選挙制度が改正されたからである。改正後の内容を簡単に答えなさい。(10点)〔大阪 – 改〕

（　　　　　　　　　　　　　　　　　　　　　　　）

(5) 日本国憲法に関して，次の問いに答えなさい。(8点×2)

□① この憲法の公布後に実施されたものを，次の**ア～エ**から 1 つ選び，記号で答えなさい。

〔群馬〕（　　　　　）

ア 学制が公布され，全国各地に小学校がつくられた。

イ 立憲政治の開始に備えて，内閣制度が創設された。

ウ 地方自治法が公布され，知事の直接選挙が規定された。

エ 民法が定められ，男性を一家の中心とする家制度が規定された。

□② この憲法の精神にのっとり，小・中学校を義務教育とし，男女共学などについて規定した法律を何というか，答えなさい。〔兵庫 – 改〕（　　　　　）

✔ **Check Points** **1** マッカーサーを最高司令官とする GHQ（連合国軍最高司令官総司令部）の指令で，日本政府が改革を行う間接統治が行われた。

入試攻略Points
（→別冊 p.14）

❶連合国軍の指令による諸改革の内容について整理しておこう。
❷冷戦とはどのような状態か答えられるようにしておこう。
❸日本の独立回復への道すじと，国際社会へ復帰するまでの過程についておさえておこう。

2 ［第二次世界大戦後の動き］次の問いに答えなさい。

重要 □(1) 1950 年に朝鮮戦争が始まったが，次の **a ～ d** の文の中に，その戦争の影響について説明したものが 2 つある。その組み合わせとして適切なものを，あとの**ア～カ**から 1 つ選び，記号で答えなさい。（8 点）〔鳥取〕　　　　　　　　　　　　　（　　　　）

a　特需により，日本経済の復興が進んだ。
b　三井・三菱などの財閥が解体された。
c　世界平和を維持するために国際連合がつくられた。
d　日本国内に自衛隊の前身である警察予備隊がつくられた。

ア a・b　　**イ** a・c　　**ウ** a・d　　**エ** b・c　　**オ** b・d　　**カ** c・d

(2) **資料 I** について，次の問いに答えなさい。（8 点×2）

□① 次の文中の空欄にあてはまる人物の名を答えなさい。〔愛媛〕
　　　　　　　　　　　　　　　（　　　　　　　）

資料 1

> 1951 年に講和会議が開かれ，当時，内閣総理大臣だった□□□がこの会議に出席し，サンフランシスコ平和条約に署名した。

重要 □② この条約が結ばれた同じ年に，日本国内にアメリカ軍の基地を置くことを取り決めた条約も結ばれた。この条約を何というか，答えなさい。〔山形〕
　　　　　　　　　　　　　　　　　　　（　　　　　　　　　　　　）

差がつく □(3) **資料 2** 中の **X ～ Z** は，資本主義陣営と社会主義陣営の争いが発生した地域である。それぞれの争いについて述べた文を，次の**ア～ウ**から 1 つずつ選び，記号で答えなさい。（6 点×3）〔大分－改〕

資料 2
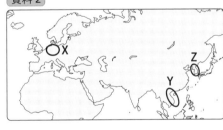

X（　　　）　Y（　　　）　Z（　　　）

ア 戦争はアメリカの撤退によって終結に向かい，社会主義陣営の国に統一された。

イ 国際連合が軍を派遣するなど戦闘は激化したが，のちに休戦協定が結ばれた。

ウ 両陣営は戦闘を行わなかったが，それぞれが独自の国家を成立させた。

✎ 記述問題にチャレンジ

サンフランシスコ平和条約が結ばれた翌年，日本は国連への加盟を申請したが，認められなかった。その理由を「安全保障理事会」，「拒否権」という語句を用いて，簡単に答えなさい。〔山梨〕

〔　　　　　　　　　　　　　　　　　　　　　　　　　　　　　　　　　　〕

✔ Check Points　　**2** (2) ① 48 か国とサンフランシスコ平和条約を結んだが，全面講和には至らなかった。
　　　　　　　　　　　　(3) 両陣営の対立は全面的な戦争には至らなかったため「冷戦」といわれた。

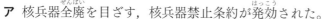

15 時間目

入試重要度 A **B** C

現代の日本と世界

解答 ➡ 別冊 p.14

月　日

時間 **40**分
合格点 **80**点
得点　　　点

1 [現代の社会] 次の問いに答えなさい。(10点×5)

✍差がつく □(1) **資料 1** はビキニ環礁での核実験で「死の灰」を浴びた第五福竜丸

である。この事件と最も関係の深いできごとを，次の**ア〜エ**から

1つ選び，記号で答えなさい。〔北海道−改〕（　　　）

ア 核兵器全廃を目ざす，核兵器禁止条約が発効された。

イ 国会で非核三原則が決議された。

ウ 第一回原水爆禁止世界大会が開かれた。

エ 核拡散防止条約が発効された。

資料 1

□(2) **資料 2** は，アジアで初めて開催された東京オリンピックの開会

式の様子である。このころの日本の社会の様子を，次の**ア〜エ**

から1つ選び，記号で答えなさい。〔宮崎−改〕（　　　）

ア 不足する労働力を補うために，勤労動員により高校生や中学

生も工場で働いた。

イ 企業や銀行が土地や株などを大量に購入し，地価や株価が実

際の価値以上に上昇した。

ウ 農地改革が実施され，それまでの地主・小作関係が改められて，多くの自作農が生ま

れた。

エ 経済成長の過程で，農村部から都市部へ大規模な労働力の移動が生じた。

資料 2

□(3) **資料 3** は 1972 年にドルを円に交換するために並んでいる沖縄

の人々の様子である。**資料 3** のような様子が見られる背景とな

ったできごととは何か，簡単に答えなさい。〔群馬〕

（　　　　　　　　　　　　　　　　　　　　　　　）

(4) **資料 4** はベルリンの壁崩壊の様子である。これに関連して，次

の問いに答えなさい。

□① ベルリンの壁は 2 つの大きな勢力が対立していたことの象徴

であった。この対立を示すことばを漢字 2 字で答えなさい。

〔山形−改〕（　　　　　）

□② ①の状況の終結が宣言されると，日本も世界平和の面での国

際貢献を求められ，国連の平和維持活動に自衛隊を派遣する

ようになった。自衛隊が最初に国連の平和維持活動で派遣さ

れた国を，次の**ア〜エ**から1つ選び，記号で答えなさい。〔和歌山−改〕（　　　）

ア ウクライナ　　**イ** キューバ　　**ウ** ベトナム　　**エ** カンボジア

資料 3

資料 4

✔ Check Points **1** (2) 東京オリンピックが開かれたのは 1964 年。1950 年代半ば〜70 年代前半まで，日本経済
は高度成長をとげた。

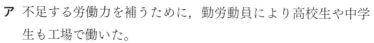

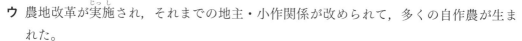

入試攻略Points
（→別冊 p.15）

❶高度経済成長期の日本の社会の様子についてつかんでおこう。
❷高度経済成長期→石油危機→バブル経済→平成不況の流れをおさえておこう。
❸冷戦終結後の国際社会や，日本の動きについて整理しておこう。

2 ［現代の日本と世界］次の問いに答えなさい。

□(1) 1970 年，大阪で開催された万国博覧会には海外から 76 か国が参加したが，a（**ア** ソ連 **イ** 中華人民共和国）は，わが国との国交がなく，参加しなかった。しかしその後，1972 年に，b（**ア** 日ソ共同宣言 **イ** 日ソ中立条約 **ウ** 日中共同声明 **エ** 日中平和友好条約）が調印されて，国交が正常化した。a，bの（　）の中から適当なものを1つずつ選び，記号で答えなさい。(7点×2)〔熊本−改〕　　　a（　　）　b（　　）

差がつく □(2) **資料 I** は高度経済成長期の家庭電化製品の普及率を示したもので，**ア〜エ**はエアコン，白黒テレビ，電気洗濯機，電気冷蔵庫のいずれかである。白黒テレビにあたるものを選び，記号で答えなさい。また，そのように判断した理由を「カラーテレビ」という語句を用いて答えなさい。(記号6点，理由10点)〔三重〕

記号（　　）

理由（　　　　　　　　　　　　　　　　　　）

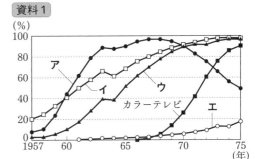

資料 1

※普及率は全世帯に対する保有世帯の比率。　（内閣府）

重要 □(3) **資料 2** のように経済成長率が変化した理由を説明した次の文中の **X・Y** にあてはまる語句を答えなさい。(10点×2)〔福岡〕　　　X（　　　　　　　）　Y（　　　　　　　）

　20 世紀後半に，わが国の経済成長率が0％を下回った時期が2度あった。1度目は ┃ **X** ┃ の影響によるものである。┃ **X** ┃ は中東戦争と関係が深い。2度目は ┃ **Y** ┃ が崩壊したことによるものである。┃ **Y** ┃ は実際の経済の力をこえて，株式や土地の価格が急激に上昇したことである。

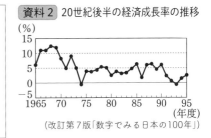

資料 2　20世紀後半の経済成長率の推移

（改訂第7版「数字でみる日本の100年」）

🖊 記述問題にチャレンジ

　1970 年の大阪万博のテーマは「人類の進歩と調和」であり，テーマの設定にあたっては，当時の社会状況が反映されている。**このころの社会状況を図 I・図 2 に触れながら，「高度経済成長」の語句を用いて，簡単に答えなさい。**〔栃木〕

図1 2人以上勤労者世帯の収入 (1世帯あたり年平均1か月間)	
1965 年	1970 年
65141 円	112949 円

（改訂第7版「数字でみる日本の100年」）

図2 公害に関する苦情・陳情の数 (地方公共団体に受理された件数)	
1966 年度	1970 年度
20502 件	63433 件

（「図でみる環境白書 1972年版環境白書」）

[　　　　　　　　　　　　　　　　　　　　　　　　　　　　　]

✔ Check Points　**2** (1) ソ連とは，日ソ共同宣言の調印により国交が回復した。しかし，ソ連解体後もロシアとの間には平和条約が結ばれていない。

総仕上げテスト ①

解答⇒別冊 p.15

時 間	**50分**
得点	
合格点	**70点**	点

1 土地制度について，右の表を見て，次の問いに答えなさい。

□(1) 下線部 **a** について，収穫した稲を蓄えるためにつくられた建物を何というか，答えなさい。(7点)

( )

□(2) 下線部 **b** について，国は土地を6歳以上の男女に口分田として与え，死亡すると返させた。この制度を何というか，答えなさい。(7点)〔秋田〕

( )

□(3) 下線部 **c** の武士について述べた次の**ア～エ**を，年代の古い順に並べかえなさい。(9点)〔岡山－改〕

(→ → →)

ア 守護は権限を拡大し守護大名に成長した。
イ 御家人を救うため，幕府は徳政令を出した。
ウ 奥州藤原氏が東北地方で勢力を強めた。
エ 朝倉氏などが分国法を定めた。

□(4) 下線部 **d** について，**資料Ⅰ**は江戸幕府の領地の石高の推移を示している。徳川吉宗の改革のうち，**資料Ⅰ**から読み取れる変化をもたらした政策の内容を簡単に答えなさい。(10点)〔岡山〕

( )

時代区分	そのころの様子
原始	a 稲作が伝えられると，むらが生まれ，国へと発展した。
古代	b 全国の土地は国のものとされたが，その後，私有が認められ，貴族が広大な土地を所有した。
中世	c 武士が土地を管理するようになり，やがて戦国大名が土地支配をめぐり争った。
近世	豊臣秀吉が太閤検地を行い，その後，d 江戸幕府は幕府と藩が土地と人を支配する体制を整えた。
近代	e 植民地を広げる諸外国の影響を受け，近代化に向けた改革が進められ，地租改正が実施された。

資料1
石高(万石) 徳川吉宗の改革
※石高は，各期間における平均の石高。
(「角川 日本史辞典」)

□(5) 下線部 **e** について，次の**X・Y**の文の正誤の組み合わせとして正しいものを，あとの**ア～エ**から1つ選び，記号で答えなさい。(7点)〔岡山〕

( )

X ドイツはアヘンを厳しく取り締まった清に対し，アヘン戦争をおこした。
Y フランスは積極的な南下政策をとり，日本に使節を派遣し和親条約を結んだ。

ア X―正 Y―正 **イ** X―正 Y―誤
ウ X―誤 Y―正 **エ** X―誤 Y―誤

□(6) 波線部の太閤検地と地租改正について，太閤検地の際に作成された検地帳と地租改正の際に作成された地券の内容を比較した次の文中の□□□□□□にあてはまる文を，**資料2・資料3**の違いに着目して答えなさい。(10点)〔岡山〕

( )

資料2 検地帳の項目
・所在地 ・面積
・石高
・耕作者の名前 など

資料3 地券の項目
・所在地 ・面積
・地価 ・地租の額
・所有者の名前 など

地租改正によって，土地にかかる税は□□□□□□ようになった。税制度の変化は，**資料2**と**資料3**の項目の違いからわかる。

2 右の略年表を見て，次の問いに答えなさい。

年	日本のできごと
1885	a 内閣制度ができる
↕b	
1918	c 原敬内閣の成立
↕d	
1960	池田勇人内閣の成立
↕e	
1972	田中角栄内閣の成立
↕f	
2012	安倍晋三内閣(第二次)の成立

□(1) 下線部 a に関連する人物について説明した次の文を読んで，この人物の名を答えなさい。(7点)〔鳥取〕

（　　　　　　　）

> 長州藩出身で倒幕運動で活躍。憲法作成のためのヨーロッパ留学経験などが評価され，初代内閣総理大臣になった。

□(2) b の期間について，**資料1**はこの期間におきた日清戦争と日露戦争の戦費と死者数，**資料2**は日比谷焼き打ち事件の様子を表している。日露戦争後に**資料2**のような暴動がおこった理由を，**資料1**の日清戦争と日露戦争を比較し，「賠償金」という語句を用いて，簡単に答えなさい。(10点)〔和歌山－改〕

（　　　　　　　　　　　　　　　　　　　　　）

資料1

	戦費 （千円）	死者数 （人）
日清戦争	232404	13825
日露戦争	1826290	85082

（「日本長期統計総覧」）

資料2

□(3) 下線部 c について，**資料3**は原敬内閣で本格的に実現した政治の様子を表したものである。**資料3**中の**X**にあてはまる語句を答えなさい。(7点)〔鳥取〕

（　　　　　　　）

□(4) d の期間について，**資料4**はこの期間の自作地・小作地の割合を示したものである。1949年の自作地の割合が1941年に比べて増えている理由を，「農地改革が行われ，」という書き出しで，20字以上30字以内で答えなさい。(10点)〔鳥取〕

（農地改革が行われ，　　　　　　　　　　　）

資料3

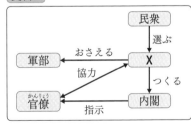

□(5) e の期間について説明した文として最も適切なものを，次の**ア～エ**から1つ選び，記号で答えなさい。(7点)

〔鳥取〕（　　　）

ア 八幡製鉄所がつくられ，鉄鋼の生産を始めるなど，重工業が発達した。

資料4

	自作地(%)	小作地(%)
1941年	53.8	46.2
1949年	86.9	13.1

イ ガス・水道・電気が家庭に普及し，ラジオ放送も始まった。

ウ 株価や地価が異常に高くなり，景気がよくなったが，バブル経済が崩壊した。

エ 日本の国民総生産(GNP)は，資本主義国の中でアメリカに次ぐ第2位になった。

□(6) f の期間におきた次の**ア～エ**のできごとを，年代の古い順に並べかえなさい。(9点)〔鳥取〕

（　　　→　　　→　　　→　　　）

ア 冷戦の終結　　**イ** 石油危機　　**ウ** イラク戦争　　**エ** ヨーロッパ連合の発足

総仕上げテスト ②

時 間 **50**分
合格点 **70**点

得点

点

月　　日

1 次の４人の歴史上の人物に関して，あとの問いに答えなさい。〔富山〕

A

- 人形浄瑠璃の台本作者として，義理と人情の世界を描いた。

B

- このころ，大きなききんがおこった。
- 人々の苦しい生活を見かねて，大阪で乱をおこした。

C

- 京都の東山に銀閣や東求堂を建てた。
- このころ応仁の乱が，11 年間にわたって続いた。

D

- 天皇のきさきである藤原道長の娘に仕えた。
- 『源氏物語』を書いた。

□(1) **A** の人物の名を，次の**ア〜エ**から１つ選び，記号で答えなさい。(6点)　　（　　　）

　　ア 本居宣長　　　**イ** 十返舎一九　　　**ウ** 近松門左衛門　　　**エ** 井原西鶴

(2) **B** の人物がおこした乱に幕府は衝撃を受け，政治改革を行った。その改革を行った人物と改革の内容を，次の**ア〜エ**から１つずつ選び，記号で答えなさい。(6点×2)

①（　　　）②（　　　）

□① 人物　**ア** 水野忠邦　　　**イ** 徳川吉宗　　　**ウ** 徳川家光　　　**エ** 田沼意次

□② 内容　**ア** 株仲間の解散，江戸に出てきていた農民を村へ返す。

　　　　　イ 株仲間の奨励，銅や海産物の輸出。

　　　　　ウ 上米の制，目安箱の設置，年貢率の引き上げ。

　　　　　エ 参勤交代の制，鎖国の完成。

(3) **C** の人物が活躍したころのことについて，次の問いに答えなさい。(6点×2)

□① このころの農村の様子を，次の**ア〜エ**から１つ選び，記号で答えなさい。　　（　　　）

　　ア 備中ぐわや千歯こきが使われ始めた。

　　イ 綿や藍，紅花などの作物が栽培されるようになり，手工業に取り組む農家も現れた。

　　ウ 二毛作が広まり，牛馬による農耕が各地に普及した。

　　エ 田畑の収穫は石高で表され，耕地ごとに耕作者が定められた。

□② 右の図は，**C** の人物が建てた東求堂の一室である。今日の和風住宅の起源となっているこの建築様式を何というか，答えなさい。

　　　　　　　　　　　　　　　　　（　　　　　　　）

□(4) **D** の人物に関して，『源氏物語』に代表される文化が貴族社会に広まった背景とその特徴について，「遣唐使」，「日本」という語句を用いて，簡単に答えなさい。(10点)

（　　　　　　　　　　　　　　　　　　　　　　　　　　　　　　　　　　　　　）

□(5) **A〜D** の人物を，年代の古い順に並べかえなさい。(6点)

（　　　　→　　　　→　　　　→　　　　）

解答 ➡ 別冊 p.15

2 次の問いに答えなさい。

(1) **A** について，次の問いに答えなさい。

□① この人物の名を答えなさい。(6点)〔和歌山〕

（　　　　　　　）

□② 下線部の提出をきっかけに始まった，国民が政治に参加する権利の確立を目ざす運動を何というか，答えなさい。(6点)〔和歌山〕

（　　　　　　　）

(2) **B** について，次の問いに答えなさい。

□① 下線部の設立の前年に，ベルサイユ条約が結ばれた。このころ中国で学生や労働者を中心に，五・四運動がおこった。この運動がおこった理由を簡単に答えなさい。(10点)

〔山形－改〕

（　　　　　　　　　　　　　　　　　）

□② 下線部が第二次世界大戦を防げなかった反省から，戦後，国際連合が設立されたが，当初，日本は加盟を認められなかった。日本の国連加盟のきっかけとなったできごとを，次の**ア～エ**から1つ選び，記号で答えなさい。(6点)〔和歌山－改〕

（　　　　）

ア 日米安全保障条約改定　　**イ** 日ソ共同宣言調印
ウ 非核三原則決議　　　　　**エ** 日中共同声明発表

□(3) **C**の下線部に関連して，アメリカ合衆国がこの条約の締結を急いだことと関係の深いできごとを，次の**ア～エ**から1つ選び，記号で答えなさい。(6点)〔山形－改〕（　　　）

ア 朝鮮戦争　　**イ** ベトナム戦争　　**ウ** 湾岸戦争　　**エ** キューバ危機

□(4) 年表の**a～d**の各時期のわが国の経済状況を述べたものを，次の**ア～エ**から1つずつ選び，記号で答えなさい。(3点×4)〔山形－改〕 a（　　　）b（　　　）c（　　　）d（　　　）

ア 関東大震災以降，慢性的な不況に苦しみ，世界恐慌で大きな打撃を受けた。
イ 戦後の復興のあと，経済は著しい発展をとげ，東京～大阪間に新幹線が開通した。
ウ 繊維産業などの軽工業を中心に，産業革命が進行した。
エ 機械工業，化学・薬品工業などが発達し，貿易においては輸出額が輸入額を上回った。

□(5) 年表の**a～d**の各時期のわが国の文化状況を述べたものを，次の**ア～エ**から1つずつ選び，記号で答えなさい。(2点×4)〔山形－改〕 a（　　　）b（　　　）c（　　　）d（　　　）

ア ラジオ放送が開始された。　　**イ** 湯川秀樹が日本で初めてノーベル賞を受賞した。
ウ 教育勅語が発布された。　　　**エ** 大正デモクラシーといわれる風潮が広がった。

	おもな活動
A	新政府の参議となったが，大久保利通らと対立し，政府を去った。その後，1874年に民撰議院設立の建白書を提出した。
B	日本の精神文化を紹介した『武士道』を著した。1920年，国際連盟の事務局次長に就き，世界平和のために尽力した。
C	サンフランシスコ平和条約を締結し，日本の独立に尽力した。保安隊を改め，自衛隊を組織した。

年	できごと	
1885	内閣制度が創設される………………	
1894	領事裁判権が撤廃される	a
1905	ポーツマス条約が締結される………	
1914	第一次世界大戦が始まる……………	
1915	二十一か条の要求が出される	b
1818	米騒動がおこる	
1919	ベルサイユ条約が締結される………	
1931	満州事変がおこる	c
1945	連合国軍の日本占領が始まる………	
1954	自衛隊が発足する	d
1970	大阪で万国博覧会が開かれる………	

1 時間目
2 時間目
3 時間目
4 時間目
5 時間目
6 時間目
7 時間目
8 時間目
9 時間目
10 時間目
11 時間目
12 時間目
13 時間目
14 時間目
15 時間目
総仕上げテスト

総仕上げテスト ③

解答➡別冊 p.16

時 間	**50**分	得点
合格点	**70**点	点

1 次の表は自然災害や伝染病（でんせん）にかかわるできごとをまとめたものである。これを見て，あとの問いに答えなさい。〔沖縄－改〕

世紀	できごと
8 世紀	**a** 伝染病が流行し，多くの死者が出る。
10 世紀	平安京に **b** 雷（かみなり）が落ち，伝染病が広がる。
c 13 世紀	ききんや地震（じしん）がおこる。
15 世紀〜	応仁（おうにん）の乱後，**d** 町衆（ちょうしゅう（まちしゅう））の願いにより祭礼が復活する。 **e** ヨーロッパからアメリカ大陸へ伝染病が持ち込まれる。
18 世紀後半	**f** 天明のききんの中で浅間山（あさま）の噴火（ふんか）がおこる。

図

□(1) 下線部 **a** について，聖武（しょうむ）天皇は国ごとに国分寺（こくぶんじ）や国分尼寺（こくぶんにじ）を建て，都には大仏をつくらせるなどしたが，その理由を答えなさい。(10 点)

（　　　　　　　　　　　　　　　　　　　　　　　　　　　　　）

□(2) 下線部 **b** は大宰府（だざいふ）に左遷（させん）されて亡（な）くなった人物の祟（たた）りだといわれた。遣唐使（けんとうし）派遣の停止を提案した，この人物の名を漢字 4 字で答えなさい。(8 点)

（　　　　　　　　　）

□(3) 下線部 **c** について，ききんや地震が相次いだことから，人々は仏教に新たな救いを求めるようになった。この時代に成立した仏教について述べた文として正しくないものを，次の**ア〜エ**から 1 つ選び，記号で答えなさい。(8 点)　　　　　　　　　（　　　）

ア 法然（ほうねん）はひたすらに念仏を唱えれば，極楽浄土（ごくらくじょうど）に往生できると説いた。

イ 道元（どうげん）や栄西（ようさい（えいさい））が伝えた禅宗（ぜんしゅう），おもに公家（くげ）の間に広まった。

ウ 一遍（いっぺん）は踊念仏（おどり）を行って各地へ布教し，時宗を開いた。

エ 日蓮（にちれん）は「南無妙法蓮華経（なむみょうほうれんげきょう）」と唱えれば，人も国家も安らかになると説いた。

□(4) 下線部 **d** について，町衆によって復興された**図**の祭りとして正しいものを，次の**ア〜エ**から 1 つ選び，記号で答えなさい。(8 点)　　　　　　　　　　（　　　）

ア ねぶた祭　　**イ** だんじり祭　　**ウ** 祇園（ぎおん）祭　　**エ** よさこい祭り

□(5) 下線部 **e** に関連して，アメリカ大陸に伝染病が持ち込（こ）まれたのは，新航路の開拓（かいたく）がきっかけである。スペインの援助（えんじょ）を受け，1492 年に西インド諸島に到達（とうたつ）した人物の名を答えなさい。(8 点)　　　　　　　　　　　　　　　　　　（　　　　　　　　　）

□(6) 下線部 **f** について，江戸時代の幕府のききん対策を述べた文として正しいものを，次の**ア〜エ**から 1 つ選び，記号で答えなさい。(8 点)　　　　　　　　（　　　）

ア 徳川吉宗（とくがわよしむね）は，ききんに備えてじゃがいもの栽培（さいばい）を奨励（しょうれい）した。

イ 田沼意次（たぬまおきつぐ）は，ききんに備えて海産物（俵物（たわらもの））を輸入し，蔵（くら）に蓄えさせた。

ウ 松平定信（まつだいらさだのぶ）は，ききんに備えて各地に米を蓄えさせた。

エ 水野忠邦（みずのただくに）は，ききんで急上昇（じょうしょう）した物価を引き下げるため，株仲間を認めた。

2 右の年表は日本とアメリカ合衆国との関係をまとめたものである。次の問いに答えなさい。

年	できごと
1853	a ペリーが来航する
1854	X を結ぶ
1858	日米修好通商条約を結ぶ
1871	Y がアメリカに渡る
1878	フェノロサが日本に来る
1911	b 日米通商航海条約を結ぶ
1941	太平洋戦争が始まる
1945	c ポツダム宣言を受諾する
1951	d サンフランシスコ平和条約を結ぶ
1972	e 沖縄が返還される

□(1) ┃ X ┃には，日本が開国するきっかけとなった条約名が入る。この条約名を答えなさい。(7点)
〔青森〕（　　　　　　　　）

□(2) ┃ Y ┃には，全権大使の名前がついた使節団の名称が入る。この使節団は，2年近くにわたった欧米視察によって，その後の日本の発展に大きな影響を与えた。この使節団の名称を答えなさい。(7点)〔青森〕（　　　　　　　　）

□(3) 下線部 a について，ペリーが来航した10年後，アメリカ合衆国では南北戦争がおこっていたが，この戦争中の1863年，奴隷解放宣言が出された。この宣言を出した大統領の名を答えなさい。(7点)〔青森-改〕（　　　　　　　　）

□(4) 下線部 b について，この条約について述べた次の文中の A・B にあてはまる語句の組み合わせとして正しいものを，あとのア〜エから1つ選び，記号で答えなさい。(7点)〔鳥取〕（　　　　）

┃ A ┃外務大臣のもと，日米間などで新たな通商航海条約が結ばれ，日本は┃ B ┃に成功し，欧米諸国との条約改正が達成された。

ア A—小村寿太郎　B—関税自主権の回復　　イ A—陸奥宗光　B—関税自主権の回復
ウ A—小村寿太郎　B—領事裁判権の撤廃　　エ A—陸奥宗光　B—領事裁判権の撤廃

□(5) 下線部 c について，この宣言を受諾した後の戦後改革として適切なものを，次のア〜エから1つ選び，記号で答えなさい。(7点)（　　　　）
ア 学制を公布し，満6歳以上の男女すべてが小学校教育を受けることとした。
イ 近代化を進めるために，四民平等を唱え，今までの身分制度を廃止した。
ウ 選挙資格の財産制限が撤廃され，満25歳以上のすべての男子に選挙権が与えられた。
エ 今までの地主・小作関係が改革され，小作人から多くの自作農が生まれた。

□(6) 下線部 d について，この条約を結んだ前後のできごとである次のア〜ウを，年代の古い順に並べかえなさい。(8点)（　　　→　　　→　　　）
ア 日米安全保障条約に調印　　イ 日ソ共同宣言に調印　　ウ 国際連合が発足

□(7) 下線部 e について，沖縄が返還されるまで，沖縄がアメリカの統治下にあった期間のできごとを，次のア〜エから1つ選び，記号で答えなさい。(7点)〔富山〕（　　　　）
ア ヨーロッパでは地域統合の動きが進み，ヨーロッパ連合(EU)が発足した。
イ イラクがクウェートに侵攻して，湾岸戦争がおこった。
ウ アメリカとソ連の首脳が会談し，冷戦の終結を宣言した。
エ インドネシアのバンドンにおいて，第1回アジア・アフリカ会議が開かれた。

試験における実戦的な攻略ポイント5つ

① **問題文をよく読もう！**

問題文をよく読み，意味の取り違えや読み間違いがないように注意しよう。

選択肢問題や計算問題，記述式問題など，解答の仕方もあわせて確認しよう。

② **解ける問題を確実に得点に結びつけよう！**

解ける問題は必ずある。試験が始まったらまず問題全体に目を通し，自分の解けそうな問題から手をつけるようにしよう。

くれぐれも簡単な問題をやり残ししないように。

③ **答えは丁寧な字ではっきり書こう！**

答えは，誰が読んでもわかる字で，はっきりと丁寧に書こう。

せっかく解けた問題が誤りと判定されることのないように注意しよう。

④ **時間配分に注意しよう！**

手が止まってしまった場合，あらかじめどのくらい時間をかけるべきかを決めておこう。解けない問題にこだわりすぎて時間が足りなくなってしまわないように。

⑤ **答案は必ず見直そう！**

できたと思った問題でも，誤字脱字，計算間違いなどをしているかもしれない。ケアレスミスで失点しないためにも，必ず見直しをしよう。

受験日の前日と当日の心がまえ

前日

● 前日まで根を詰めて勉強することは避け，暗記したものを確認する程度にとどめておこう。

● 夕食の前には，試験に必要なものをカバンに入れ，準備を終わらせておこう。

また，試験会場への行き方なども，前日のうちに確認しておこう。

● 夜は早めに寝るようにし，十分な睡眠をとるようにしよう。もし翌日の試験のことで緊張して眠れなくても，遅くまでスマートフォンなどを見ず，目を閉じて心身を休めることに努めよう。

当日

● 朝食はいつも通りにとり，食べ過ぎないように注意しよう。

● 再度持ち物を確認し，時間にゆとりをもって試験会場へ向かおう。

● 試験会場に着いたら早めに教室に行き，自分の席を確認しよう。また，トイレの場所も確認しておこう。

● 試験開始が近づき緊張してきたときなどは，目を閉じ，ゆっくり深呼吸しよう。

❶ 次の写真の文字が発明された文明を何といいますか。

チェック欄 □

〔くさび形文字〕

❷ 写真の人形が使われていた時代につくられた土器を何土器といいますか。

□

〔土偶〕

❸ 次の国に関する文の空欄にあてはまる人物はだれですか。

□ **邪馬台国**

倭人の国は多くの国々に分かれている。その中で、最も力のある邪馬台国は、30ほどの小国を従えて、女王の（　）が治めている。……女王の（　）は神に仕え、まじないによって政治を行い、……　（『魏志』倭人伝から一部要約）

❹ 次の古墳のような、円形の後部と方形の前部を組み合わせた形の古墳を何といいますか。

□

〔大仙古墳〕

❺ 次の寺を建てた人物はだれですか。

□

〔法隆寺〕

❻ 次の貨幣が流通した奈良の都を何といいますか。

□

〔和同開珎〕

📖 参考　貨幣はおもに都とその周辺で用いられた。

❼ 次の法令によって広がった貴族や寺院の私有地を何といいますか。

□ **墾田永年私財法**

📖 参考　この法令が出されたことによって、公地公民の原則が崩れた。

❽ 次の写真の建物に納められている多くはだれが使った品々ですか。

□

〔正倉院〕

❾ 蝦夷を平定するために、次の人物が桓武天皇から任命された役職を何といいますか。

□

〔坂上田村麻呂〕

❿ 次の人物をはじめ、平安時代に女性による文学がさかんになったのは何という文字を用いたからですか。

□ **紫式部**

💡 ヒント　感情を表現しやすくなった。

⓫ 次の阿弥陀堂が建てられるもととなった、阿弥陀仏にすがり、極楽浄土への生まれ変わりを願う信仰を何といいますか。

□

〔平等院鳳凰堂〕

❶ 地図中 X の地域で発展した文明で使われた
文字を何とい
いますか。

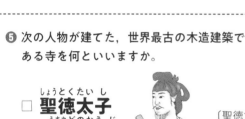

〔メソポタミア文明〕

⎡ 暗記カードの使い方 ⎤

★理解しておきたい最重要事項を選びました。答えは反
　対面に大きな文字で示しています（中には，図や写真
　が答えになっている場合もあります）。

★……線にそって切り離し，パンチでとじ穴をあけて，
　カードにしよう。リングに通しておくと便利です。

★理解したら，□にチェックしよう。

❸ 3 世紀ごろ，次の人物が治めていた国を何
といいますか。

□ 卑弥呼
　 ひ み こ

注意　『魏志』倭人伝に，この国についての記述がある。
　　　 ぎ し わ じんでん

❷ 次の土器が使われたのと同じ時代に，豊か
な収穫などを願うのに使われたと考えられ
ている土製の人形を何といいますか。
　 しゅうかく

□

〔縄文土器〕

❺ 次の人物が建てた，世界最古の木造建築で
ある寺を何といいますか。

□ 聖徳太子
　 しょうとくたい し
（厩戸皇子）
　 うまやどのおう じ

〔聖徳太子と
伝えられる肖
像画〕
　ぞう が

❹ 次のような形をした，大阪府堺市にある仁
徳陵古墳ともいわれる古墳を何といいます
か。
　 とくりょう こ ふん

□

〔前方後円墳〕
　ぜんぽうこうえんふん

❼ 次の私有地が広がるきっかけとなった，開
墾地の私有を認める法令を何といいますか。
　 こん ち
　　　　　　　　　　　　　　　　　かい

□ 荘園
　 しょうえん

❻ 次の都の市で流通した初の本格的な貨幣を
何といいますか。
　　　　　　　　　　　　　　　　か へい

□ 平城京

〔平城京の模型〕

❾ 桓武天皇により次の役職に任命され，アテ
ルイが指導する蝦夷たちを破り，降伏させ
た人物はだれですか。
　 かん む
　　　　　　　　　　えみ し　　　　　こうふく

□ 征夷大将軍
　 せい い たいしょうぐん

参考　蝦夷とは，古代から東北地方に住んでいた人々。
　　　 朝廷の支配に抵抗した。
　　　 ちょうてい　　　ていこう

❽ 次の人物の愛用品などを納めた建物を何と
いいますか。

□ 聖武天皇
　 しょう む

ヒント　校倉造という建築様式が用いられている。
　　　　あぜくらづくり

⓫ 次の信仰に基づいて，藤原頼通が宇治（京都
府）に建てた阿弥陀堂を何といいますか。
　 しんこう　もと　　　ふじわらのよりみち　う じ
　　　　　　　あ み だどう

□ 浄土信仰
　 じょうど

⓾ 次のように発達した文字を用いて，『源氏
物語』を著した人物はだれですか。
　　　　　　あらわ

□ かな文字

〔かな文字の
発達〕

⑬ 鎌倉（神奈川県）に次の幕府を開いた人物は
だれですか。

□ 鎌倉幕府

⑫ 次の人物が武士として初めて，1167年に
ついた朝廷最高の官職を何といいますか。

□

〔平清盛〕

⑮ 次の人物が執権のとき，日本に軍を侵攻さ
せた元の皇帝はだれですか。

□ 北条時宗

⚠ 注意 チンギス＝ハンはモンゴル帝国を築いた人物である。

⑭ 次の人物が御家人に 源 頼朝の御恩を説き，
結束を訴えたのは，何という乱がおこった
ときですか。

□

〔北条政子〕

⑰ 次の人物が明との貿易を行う際，正式な貿
易船と倭寇とを区別す
るために使用した合札
を何といいますか。

□ 足利義満

⑯ 鎌倉幕府の滅亡後，次の政治を行った天皇
はだれですか。

□ 建武の新政

📖 参考 公家重視の政策に武士の不満が高まり，新政は2
年ほどで崩れた。

⑲ 明に渡って次の
絵画を深め，帰
国後，右の絵画
を描いた人物は
だれですか。

□ 水墨画

「秋冬
山水図」

⑱ 次の建物を京都の東山に
建てた，右の人物はだれ
ですか。

□ 銀閣

💡 ヒント この人物のあとつぎ争いが応仁の乱の一因となった。

㉑ 織田・徳川連合軍が，次の武器を効果的に
使って武田勝頼を破った戦いを何といいま
すか。

□ 鉄砲

⚠ 注意 織田信長が今川義元を破ったのは桶狭間の戦い。

⑳ 1549年に鹿児島に来て，次の宗教を日本
に初めて伝えたイエズス会の宣教師はだれ
ですか。

□ キリスト教

📖 参考 鹿児島や山口，豊後府内（大分県）などで布教活動
を行った。

㉓ 次の人物が全国で行った，絵のような土地
調査を何といいま
すか。

□ 豊臣秀吉

㉒ 次の人物が安土城下などで行った，だれで
も自由に商工業ができるようにした政策を
何といいますか。

□ 織田信長

⑫ 政治の実権を握り，武士として初めて次の官職についた人物はだれですか。

□ 太政大臣（だいじょう）

💡ヒント この人物は日宋貿易（にっそう）に力を入れ，兵庫の港を整備した。

⑬ 次の人物が開いた幕府を何といいますか。

□ 源 頼朝（みなもとのよりとも）

📖参考 正面が海，三方は山に囲まれた守りやすく攻められにくい地に幕府を開いた。

⑭ 次の乱のときに，御家人に源 頼朝（みなもとのよりとも）の御恩（ごおん）を説き，結束を訴えた（うった）人物はだれですか。

□ 承久の乱（じょうきゅう）

💡ヒント 源頼朝の妻。

⑮ 次の人物が日本に元軍を侵攻（しんこう）させたときの鎌倉幕府の執権（しっけん）はだれですか。

□
〔フビライ=ハン〕

⑯ 鎌倉（かまくら）幕府の滅亡（めつぼう）後，次の天皇が行った天皇中心の政治を何といいますか。

□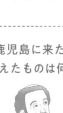
〔後醍醐天皇（ごだいご）〕

⑰ 次のような合札を用いて，1404年に明（みん）と貿易を始めた人物はだれですか。

□
〔勘合（かんごう）〕

⑱ 次の人物が京都の東山（ひがしやま）に建てた右の建物を何といいますか。

□ 足利義政（あしかがよしまさ）

✏️注意 金閣（きんかく）は足利義満（よしみつ）が京都の北山（きたやま）に建てた。

⑲ 次の人物が大成した，墨（すみ）の濃淡（のうたん）でおもに自然の美しさを描いた（えが）絵画を何といいますか。

□
〔雪舟（せっしゅう）〕

⑳ 1549年に鹿児島に来た次の人物が，日本に初めて伝えたものは何ですか。

□
〔フランシスコ=ザビエル〕

㉑ 次の戦いで，織田（おだ）・徳川（とくがわ）連合軍が効果的に使った武器は何ですか。

□ 長篠の戦い（ながしの）

▲「長篠合戦図屏風（びょうぶ）」

㉒ 次の政策を安土城下などで行った人物はだれですか。

□ 楽市・楽座（らくいち・らくざ）

㉓ 次の政策を全国で行った人物はだれですか。

□ 太閤検地（たいこうけんち）

📖参考 検地帳に名前を記された農民が土地の所有者とされ，年貢（ねんぐ）納入の義務を負った。

㉔ 次の人物が開いた幕府を何といいますか。

□ 〔徳川家康〕

㉕ 鎖国中に，次の国が貿易を許された長崎港内につくられた人工島を何といいますか。

□ **オランダ**

参考　鎖国中，長崎での貿易が許されたのは，オランダと中国だけであった。

㉖ 次の人物が行った改革を何といいますか。

□ 〔徳川吉宗〕

㉗ 次の人物が書いた『曽根崎心中』はどんな舞台芸能の脚本ですか。

□ **近松門左衛門**

参考　近松門左衛門は歌舞伎の脚本も書いた。

㉘ 次の人物や前野良沢らが出版した，日本初の西洋医学の翻訳書を何といいますか。

□ 〔杉田玄白〕

㉙ 次の人物が大成した学問を何といいますか。

□ **本居宣長**

ヒント　日本の古典を研究し，日本固有の思想を明らかにしようとした学問。

㉚ 1854 年，次の人物と江戸幕府との間で結ばれた条約を何といいますか。

□ 〔ペリー〕

㉛ 1866 年に次の同盟の仲立ちをしたが，中岡慎太郎とともに京都で暗殺された人物はだれですか。

薩長同盟

ヒント　幕府を倒すため，長州藩の木戸孝允と薩摩藩の西郷隆盛らがひそかに同盟を結んだ。

㉜ 次の人物が政権を天皇に返すことを申し出たことを何といいますか。

□ 〔徳川慶喜〕

㉝ 次の法令と同じ年に，明治政府が財政を安定させるために行った土地と税に関する政策を何といいますか。

□ **徴兵令**

参考　満 20 歳以上の男子に 3 年間の兵役の義務を負わせた。

㉞ 次の運動の中心となった，土佐藩出身の人物はだれですか。

□ **自由民権運動**

自由民権を唱える演説会▶

㉟ 次の憲法の草案を作成し，内閣制度を定め，初代の内閣総理大臣に就任した人物はだれですか。

□ **大日本帝国憲法**

参考　この憲法の下では，主権は天皇にあった。

㉕ 鎖国中, 図の扇形の人工島で貿易すること
を許されたヨーロッパの国はどこですか。

□

〔出島〕

㉔ 征夷大将軍に任じられ, 次の幕府を開いた
人物はだれですか。

□ **江戸幕府**

💡ヒント 1600年関ヶ原の戦いに勝ち, 03年征夷大将軍
となって幕府を開き, 15年豊臣氏を滅ぼした。

㉗ 元禄文化のころ, 『曽根崎心中』など次の
舞台芸能の脚本で人気を集めたのはだれで
すか。

□ **人形浄瑠璃**

⚠注意 元禄文化は, 上方(大阪・京都)で栄えた町人中心
の文化である。

㉖ 次の改革を行った, 江戸幕府の8代将軍は
だれですか。

□ **享保の改革**

| ・上米の制 |
| ・公事方御定書の制定 |
| ・目安箱の設置 |
| ・漢訳洋書の輸入を許可 |
| ・新田開発の奨励　など |

㉙ 『古事記伝』を著し, 次の学問を大成した
人物はだれですか。

□ **国学**

📖参考 この学問はのちに, 天皇を敬う尊王論と結びつき,
幕末の尊王攘夷運動に影響を与えた。

㉘ 次の西洋医学の翻訳書を前野良沢らととも
に出版したのは, 伊能忠敬, 杉
田玄白のうちのどちらですか。

□ **『解体新書』**

『解体新書』の扉絵▶

㉛ 1866年, 次の人物の仲立ちで, 木戸孝允,
西郷隆盛らが結んだ同盟を何といいますか。

□

〔坂本龍馬〕

㉚ 1854年, 日本に再び来て, 次の条約を江
戸幕府と結んだ人物はだれですか。

□ **日米和親条約**

📖参考 この条約で, 下田と函館の2港が開かれることに
なった。

㉝ 次の政策と同じ年に出された, 兵役の義務
を定めた法令を何といいますか。

□ **地租改正**

	改正前 → 改正後
納税方法	物納 → 金納
税　率	収穫高に対する割合 ↓ 地価の3%(のち2.5%)
納入者	耕作者 → 土地所有者

地租改正の前後の変化▶

㉜ 政権を天皇に返すこと(大政奉還)を申し出
た, 江戸幕府最後の将軍はだれですか。

□

〔大政奉還〕

㉟ 次の人物がドイツの憲法を参考に草案を作
成し, 1889年に発布された憲法を何とい
いますか。

□

〔伊藤博文〕

㉞ 次の人物を中心に始められた, 国会の開設
と憲法の制定を要求した運動を何といいま
すか。

□

〔板垣退助〕

（切り取り線）

㊲ 次の公害事件の解決に力を注いだ人物はだれですか。

□ **足尾銅山鉱毒事件**

栃木県
×足尾銅山
群馬県
渡良瀬川
利根川

足尾銅山の位置▶

㊱ 次の戦争の講和条約を何といいますか。

□ **日清戦争**

注意　日露戦争の講和条約はポーツマス条約。

㊴ 次の人物が唱えた民主主義的な思想を何といいますか。

□

〔吉野作造〕

㊳ 次の人物が事務局次長を務めた，平和のための国際機関を何といいますか。

□

〔新渡戸稲造〕

㊶ 次の事件で海軍の青年将校に暗殺された当時の首相はだれですか。

□ **五・一五事件**

参考　この事件によって政党政治は終わりを告げた。政党政治が復活するのは太平洋戦争後であった。

㊵ 次の人物を首相とする政党内閣が成立する前に，米の安売りを求めて民衆がおこした暴動を何といいますか。

□ **原敬**

㊸ 次の対策がとられたのは，都市部でどんなことが激しくなったからですか。

□ **集団疎開（学童疎開）**

㊷ 次の国からの軍隊の引き上げを勧告された日本は，どのような行動をとりましたか。

ソ連　満州国　朝鮮　日本　中華民国　台湾

□ **満州国**

㊺ 次の建造物に象徴されるアメリカを中心とする資本主義諸国とソ連を中心とする社会主義諸国の対立を何といいますか。

□ **ベルリンの壁**

ヒント　戦火を交えない対立だった。

㊹ 1945 年 8 月 6 日に次の兵器が投下された都市はどこですか。

□ **原子爆弾**

▲原爆ドーム

㊼ 次の好景気が終わるきっかけとなった，世界的な経済混乱を何といいますか。

□ **高度経済成長**

ヒント　第四次中東戦争がきっかけとなった。

㊻ 次の条約を調印した当時の日本の首相はだれですか。

□ **サンフランシスコ平和条約**

▲サンフランシスコ平和条約の調印

㊱ 下の絵の講和会議で結ばれた次の条約は，日清戦争，日露戦争のうち，どちらの戦争の講和条約ですか。

□ **下関条約**

▲下関講和会議

㊲ 次の人物が解決のために力を注いだ，日本最初の公害事件を何といいますか。

□

（田中正造）

㊳ 次の平和のための国際機関が設立されたとき，事務局次長を務めたのはだれですか。

□ **国際連盟**

参考　アメリカ大統領ウィルソンが設立を提唱した。

㊴ 次の思想を主張した人物はだれですか。

□ **民本主義**

　民主主義というと，主権が人民にあるという説と混同されやすい。また，平民主義では貴族を敵にし，平民の味方をすると誤解されるおそれがある。民衆主義では民衆を重んじる意味が表れない。……したがって，民本主義という言葉がいちばん適当であると思われる。……

㊵ 次のできごとののち，立憲政友会を中心に日本初の本格的な政党内閣を組織した人物はだれですか。

□ **米騒動**

㊶ 1932年，次の人物が暗殺された事件を何といいますか。

□ **犬養毅**

注意　1936年，陸軍の青年将校らが首相官邸や警視庁などを襲った事件は二・二六事件。

㊷ 日本が次のような行動をとったのは，何が承認されなかったからですか。

□ **国際連盟脱退**

ヒント　日本が政治・軍事・経済などの実権を握った。

㊸ 次のようなアメリカ軍による都市への攻撃から，小学生を地方に避難させたことを何といいますか。

□ **空襲**

参考　大都会の国民学校の学童を，集団で地方の寺院や旅館などに避難させた。

㊹ 1945年8月6日に次の都市に投下された兵器は何ですか。

□ **広島**

参考　8月9日に長崎にも投下された。

㊺ 次の対立を象徴する，東西ドイツを分断していた建造物を何といいますか。

□ **冷戦（冷たい戦争）**

参考　1989年に崩壊し，東西ドイツは翌年統一した。

㊻ 1951年，次の人物が連合国48国との間で調印した条約を何といいますか。

□

（吉田茂）

㊼ 1950年代半ばから始まり，次の経済混乱によって終わった，飛躍的に経済が成長し続けたことを何といいますか。

□ **石油危機（オイルショック）**

解答・解説

1時間目　文明のおこりと日本の成り立ち

解答 (pp.4〜5)

1 (1)ウ　(2)①土偶　②ア　③ア　④イ
(3)邪馬台国

2 (1)イ　(2)ア　(3)大王
(4)①渡来人　②ア

記述問題にチャレンジ 例中国の力を借りて，朝鮮半島の国々に対し有利な立場に立つため。

解説

1 (1)岩宿遺跡は群馬県にある遺跡。相沢忠洋によって関東ロームから打製石器が発見され，日本における旧石器時代の存在が初めて確認された。
(2)①土偶は，子孫の繁栄や獲物の豊かさなどを願ってつくられたと考えられている。②縄文土器がつくられたことで，食べられるものが増え，食生活が安定した。なお，イ・ウは弥生時代，エは旧石器時代のくらしの特徴である。③メソポタミア文明では，くさび形文字や太陰暦以外に，時間を計るための60進法などが生み出された。なお，甲骨文字は中国文明，太陽暦はエジプト文明の発明である。④古代ギリシャの都市国家では丘の上にとりでや神殿が築かれた。イはアテネのアクロポリスの丘に築かれたパルテノン神殿である。なお，アは古代ローマの円形競技場であるコロッセオ，ウはバチカン市国に位置するカトリックの総本山であるサン-ピエトロ大聖堂，エはペルーに位置するインカ帝国の遺跡マチュピチュである。
(3)『魏志』倭人伝には，239年に邪馬台国の女王卑弥呼が魏に使いを送り，「親魏倭王」の称号と金印，銅鏡100枚を授かったことなどが記されている。

> **！ここに注意** (2)① 縄文時代の土偶と，古墳に置かれた埴輪を混同しないように注意。

土偶(左)と埴輪(右)▶

2 (1)大仙古墳(仁徳陵古墳)は大阪府堺市にある前方後円墳。日本で最も規模の大きな古墳で，仁徳天皇の墓だといわれている。巨大な前方後円墳は，大和(奈良県)や河内(大阪府)に多くつくられた。

(2)Y．朝鮮半島北部にあったのは高句麗。4世紀末〜5世紀初めの好太王(広開土王)のとき，日本軍と戦ったことが好太王(広開土王)の碑に記されている。百済は日本と親交が深く，大陸の文物の多くを日本に伝えた。
(3)埼玉県の稲荷山古墳から出土した鉄剣に刻まれていた「ワカタケル大王」は，雄略天皇だといわれている。熊本県の江田船山古墳から出土した鉄刀にも同じ文字が刻まれており，大和政権の勢力範囲が関東地方から九州地方まで及んでいたことを読み取ることができる。
(4)②渡来人は，古代日本の学術・文化・制度の向上に大きな役割を果たした。イは室町時代，ウは安土桃山時代，エは江戸時代。

記述問題にチャレンジ 4世紀ごろから，朝鮮半島では高句麗・新羅・百済が分立し，争っていた。鉄資源も製鉄技術もなかった大和政権は，資源確保のために，朝鮮半島南部の伽耶地域(任那)や百済とつながりを深めた。高句麗や新羅と対立していたことから，中国との関係を強化することで朝鮮半島で優位に立ち，鉄資源を安定的に確保しようとした。

📖 入試攻略 Points

対策 ❶縄文時代はおもに狩り・漁・採集の生活をし，人々の間に貧富の差はなかった。人の形をした土偶や，表面に縄目の文様をつけた縄文土器がつくられた。弥生時代には米づくりが広がり，大陸から金属器が伝わった。米づくりがさかんになると貧富や身分の差が発生し，むらに支配者が現れ，やがて有力なむらが勢力を拡大し，国に発展していった。
❷『漢書』地理志は，紀元前1世紀に日本では100余りの小国が分立し，中には楽浪郡を通じて中国の皇帝に使いを送る国もあったこと，『後漢書』東夷伝は，1世紀に奴国の王が中国の皇帝から金印を授けられたこと，『魏志』倭人伝には3世紀に30ほどの小国を従えた邪馬台国の女王卑弥呼が中国の皇帝から「親魏倭王」の称号と金印，銅鏡100枚を授けられたことが記されている。
❸大和政権は4世紀，朝鮮半島に進出し，新羅や高句麗と交戦した。また，5世紀には倭の五王が中国の南朝(宋)に使いを送ったことが，『宋書』倭国伝に記されている。この時代，多くの渡来人が大陸の優れた文化を日本に伝えた。

ひっぱると，はずして使えます。

解答（pp.6〜7）

1 (1)法隆寺

(2)①十七条の憲法　②イ

③a—仏教　b—天皇

(3)①イ→エ→ウ→ア　②エ

2 (1)ウ

(2)①A—長安　B—平城京　②調　③エ

(3)万葉集

✎記述問題にチャレンジ 例仏教の力で国をしずめ，守ろうとしたため。

解　説

1 (1)法隆寺は，現存する世界最古の木造建築物で，世界遺産にも登録されている。**聖徳太子**（厩戸皇子）は仏教を深く信仰し，人々にも仏教を信仰することをすすめ，法隆寺や四天王寺などを建てた。

(2)②アは釈迦（シャカ）が開いた宗教。**ウ**はイエスが始めた宗教。**エ**はインドの民族宗教である。③aは資料の二の文から判断する。**十七条の憲法**には仏教や儒教の考えが取り入れられ，天皇の命令に従うことなどの役人の心構えが示されている。

(3)①アは 663 年のできごと，**イ**は 239 年のできごと，**ウ**は 630 年のできごと，**エ**は 607 年のできごとである。②アは奈良時代の**天平文化**，イは平安時代の**国風文化**，ウは鎌倉文化。

2 (1)**天平文化**は奈良時代の文化。**聖武天皇**のころに，**平城京**を中心に栄えた。**正倉院**には，聖武天皇の遺品などが納められた。**国風文化**は平安時代中期以降の日本の風土に合った文化，延暦寺は平安時代初期に最澄が比叡山に建てた寺である。

(2)① A．長安は今の西安で，隋や唐などの都であった。②・③奈良時代には律令制度が整い，戸籍に登録された 6 歳以上の人々に，身分や性別に応じて**口分田**を与え，死ねば返させる**班田収授法**を実施し，税や労役などを課した。②や③エの特産物を納める税は**調**といい，男子のみに課せられ，都まで運脚と呼ばれる人夫が運んだ。口分田の面積に応じて課せられる税は**租**といい，郡の倉庫に収穫量の約 3％の稲を納めるものであった。他に都に布を納める**庸**や労役，兵役などがあり，租以外はすべて男子に対して課せられた。

(3)約 4500 首の和歌が収められている。代表的な歌人に，山上憶良，大伴家持，柿本人麻呂がいる。

⚠ここに注意 (2)②B．平安京は誤り。図中に見られる東大寺，唐招提寺から，平城京と判断する。

✎記述問題にチャレンジ 聖武天皇の時代は，ききんが続いたり，伝染病が広がったりして多くの人が亡くなった。また，貴族間で権力争いがしばしばおこり，政治や社会が不安定であった。聖武天皇は仏教の力でこの不安をしずめ，国の平安を保とうとした。そのため，国ごとに**国分寺**と**国分尼寺**を，都には**東大寺**を建てた。

📖 入試攻略Points

対策 ❶**聖徳太子**は推古天皇の摂政になり，蘇我馬子と協力して天皇を中心とする政治体制を目ざした。603 年，才能や功績のある人を役人に取り立てるため**冠位十二階**を定め，翌年には役人の心構えを示した**十七条の憲法**を定めた。607 年には**小野妹子**を遣隋使として中国に送った。聖徳太子が目ざした天皇中心の政治はその後，**中大兄皇子**らに受けつがれ，**大化の改新**が行われることになった。

❷**班田収授法**により 6 歳以上の男女に口分田が与えられ，**租・調・庸**の税や兵役・労役が課せられた。租は口分田にかかる税で，田 1 段につき稲 2 束 2 把を納めた。調は各地の特産物を納めるもの，庸は年 10 日間の労役のかわりに，布を納めるもの。労役は雑徭といい，国司のもとでの年 60 日以内の労役である。兵役の中でも九州沿岸の警備にあたる**防人**は 3 年間の任務で，特に重い負担となった。租以外はすべて成人男子に課せられた。

❸**飛鳥文化**は飛鳥地方を中心に栄えた日本で最初の仏教文化。中国・朝鮮をはじめ，ギリシャ・インドなどの文化の影響も見られる。法隆寺や法隆寺の釈迦三尊像などが代表的遺産。**天平文化**は聖武天皇の在位した天平年間を中心とした，国際色豊かな貴族文化。東大寺の**正倉院**には聖武天皇の遺品などが収められ，遣唐使がもたらしたと考えられるものも多い。

---

3 時間目 貴族の政治

解答（pp.8〜9）

1 (1)①ウ　②ア　(2)①ア　②紫式部

2 (1)ア　(2)ア　(3)ウ

✎記述問題にチャレンジ 例死亡すると国に口分田を返さなければならなかったから。

解　説

1 (1)①**ウ**．784 年に平城京から長岡京，794 年に長岡京から平安京に遷都した。なお，**ア**．和同開珎の発行は 708 年で飛鳥時代末期，**イ**．大仏造立の詔と同

じ743年で奈良時代，**エ**．894年で平安時代前期にあたる。②設問文中にある「蝦夷」を手がかりに考える。**イ**．アイヌの首長。江戸時代の1669年，アイヌの人々を率いて松前藩と戦った。**ウ**．平安時代の中ごろの地方豪族。瀬戸内海の海賊を率いて反乱をおこした。**エ**．平安時代初期の武将。桓武天皇によって征夷大将軍に任命され，蝦夷征討に活躍した。

(2)①**Y**．後一条天皇と後朱雀天皇は兄弟，**b**．1086年に**白河上皇**が始めた**院政**について説明した文である。②『**源氏物語**』は世界初の長編小説であるといわれる。

2 (1)**A**は阿弥陀三尊像で，12世紀前期に**奥州藤原氏**が**平泉**(岩手県)につくった中尊寺金色堂の内部に安置されているもの，**B**は**平等院鳳凰堂**で，11世紀中期に藤原頼通が**宇治**(京都府)に建てたものである。中尊寺金色堂と平等院鳳凰堂はともに阿弥陀堂で，**念仏**を唱えて阿弥陀仏にすがり，極楽浄土に生まれ変わることを願う**浄土信仰**に基づいて建てられた。

(2)**イ**．奈良時代，**ウ**．鎌倉時代，**エ**．平安時代初期の仏教の様子である。

(3)**ウ**．かな文字ができたことによって，感情表現がしやすくなり，女性の手による文学作品が多く生まれた。なお，**ア**．古墳時代，**イ**．一遍は時宗を開いた人物で鎌倉時代，**エ**．奈良時代のできごとである。

✎記述問題にチャレンジ **班田収授法**は戸籍に登録された6歳以上の男女に口分田を与え，死ねば国に返させるものである。なお，**表**の男女の人数バランスが女子の方が圧倒的に多いことがわかる。これは，女子は口分田に課せられる租(収穫した稲の約3%)を納めるだけでよいのに対し，男子は都に納める調(特産物)や庸(布)，労役や兵役など負担が非常に重かったため，性別をいつわることが多かったと考えられる。

📖入試攻略 Points

対策
❶平城京では，貴族どうしの争いが激しくなったり，僧が政治に深く入りこんだりして政治が乱れた。桓武天皇は政治を立て直すため，784年に長岡京に都を移し，さらに794年に**平安京**に都を移した。桓武天皇は坂上田村麻呂を**征夷大将軍**に任命し，蝦夷の反乱をおさえ，朝廷の東北地方の支配をかためるとともに，国司に対する監視を厳しくするなど，地方政治の立て直しを図った。

❷藤原氏は娘を天皇のきさきとし，その子を天皇の位につけて，天皇が幼いときは**摂政**として，成人後は**関白**として，天皇にかわって政治を行った。**摂関政治**は藤原道長・頼通のとき最盛期を迎えた。

❸平安時代中期，唐風の文化を基礎にしながら，日本の風土や生活に合った**国風文化**が発達した。

都の貴族は**寝殿造**の屋敷に住み，服装も日本風に変化し，男性は束帯，女性は十二単を正装とした。**かな文字**の発明により，物語・和歌などの文学が発達し，**紫式部**が『**源氏物語**』を，**清少納言**が『**枕草子**』を著し，紀貫之らが天皇の命令で『**古今和歌集**』を編集した。

4時間目　**鎌倉幕府の成立と元寇**

解答 (pp.10～11)

1 (1)ウ　(2)ア→ウ→イ
　　(3)①ア　②北条氏　③ア
2 (1)元　(2)北条時宗　(3)ア
3 (1)御成敗式目(貞永式目)
　　(2)①オ　②ウ　③ク　(3)ウ

✎記述問題にチャレンジ **例**分割相続が原則であったため，女性も領地を相続したから。

解　説

1 (1)**ウ**．資料Ⅰ中のCで乱をおこしたのは藤原純友で，平将門はほぼ同時期に関東地方で兵を挙げている。なお，**ア**．後三年合戦，**イ**．保元の乱，**エ**．壇ノ浦の戦いについて述べた文である。

(2)**ア**．1086年(院政の開始)，**イ**．1167年，**ウ**．1156年である。

(3)①**イ・ウ**は御家人から将軍に対する「**奉公**」にあたる。②源頼朝の死後，頼朝の妻である北条政子とその父である北条時政が権力を握った。時政は将軍を補佐する**執権**という役職に就き，以後代々，北条氏が政治を独占した(**執権政治**)。③**ア**．承久の乱後，朝廷や西日本の御家人を監視するために京都に置いた**六波羅探題**があることから判断する。なお，**イ**．律令下の地方のしくみ，**ウ**．室町幕府のしくみである。

2 (1)13世紀初め，**チンギス＝ハン**が遊牧民の勢力を統一してモンゴル帝国を築いた。13世紀半ば，孫の**フビライ＝ハン**が都を大都に移し，国号を元とした。

(3)**ア**．鎌倉時代の相続は**分割相続**であったために，御家人の領地はしだいに小さくなり，生活に困窮して領地を手放す者も出てきた。幕府は**元寇**によって新たな領地を獲得できたわけではなかったため，戦功のあった御家人たちに十分な恩賞を与えることができず，御家人たちの窮乏はいっそう進んだ。**永仁の徳政令**は御家人の手放した土地を取り戻し，借金を帳消しにする命令であったが，効果は一時的なものに過ぎなかった。なお，**イ**．江戸時代後期，**ウ**．鎌倉時代前期の承久の乱，**エ**．室町時代末期について述べた文である。

(1)**北条泰時**が制定した法律で，51か条からなる。御家人の権利や義務，財産の相続の決まりなどを定めており，長く武家法の基本となった。

(2)①東大寺南大門の左右におかれている**金剛力士像**は，**運慶・快慶**らの合作といわれている。②兼好法師が書いた随筆である『**徒然草**』と間違えないこと。③『**新古今和歌集**』は後鳥羽上皇の命令で藤原定家らが編集した。平安時代に，醍醐天皇の命令で紀貫之らが編集した『**古今和歌集**』と混同しないこと。

(3)**ウ**．**鑑真**は奈良時代に来日した唐の**高僧**である。なお，**ア**の**親鸞**は浄土真宗，**イ**の**日蓮**は日蓮宗(法華宗)，**エ**の**栄西**は臨済宗を開いた。鎌倉時代の新仏教には，念仏によって救われると説く宗派として，浄土真宗の他に**法然**が開いた**浄土宗**と**一遍**が開いた**時宗**，題目によって救われると説く日蓮宗，座禅によって悟りを開くことを説く**禅宗**として，臨済宗の他に**道元**が開いた**曹洞宗**がある。

📝**記述問題にチャレンジ** 領地を男女の別なく分割して相続するということは，女性も領地の支配権を幕府から認められ，地頭として領地の管理にあたることを意味する。

📖**入試攻略 Points**

対策 ❶平安時代中期以降，武士は武士団をつくるほどに成長し，段階を踏んで政治の実権を獲得していった。

10世紀…**平将門の乱**，**藤原純友の乱**⇒朝廷や貴族は武士の実力を知る。

11世紀…**前九年合戦・後三年合戦**⇒源氏が東国に進出する。

12世紀…**保元の乱・平治の乱**⇒貴族たちの争いが武士の力で解決されたことで，**平清盛**が実権を握る。

❷後鳥羽上皇の挙兵に対し，御家人が結束して勝利を収めた(**承久の乱**)。乱の後，京都に**六波羅探題**を設置するとともに上皇方から没収した領地を恩賞として与えたことで幕府と御家人の主従関係はいっそう強固になり，幕府の支配は西国にまで及んだ。その後，**御成敗式目**(貞永式目)が制定された。

❸**分割相続**によって，領地の規模が縮小していったことで，御家人は**元寇**以前の段階で困窮している者が多かった。元寇への参戦は御家人の経済負担をさらに増やしたが，幕府は十分な恩賞を与えることはできなかった。御家人を救済するために出された**永仁の徳政令**も一時的な効果しかなかった。

---

5 時間目 **室町幕府と民衆の成長**

解答(pp.12〜13)

① (1)**ア** (2)**管領**
(3)**エ** (4)**勘合貿易**(日明貿易)
(5)**例正式な貿易船と倭寇とを区別するため。** (6)A—**イ** B—**ウ**
(7)**ウ**

② (1)a—**徳政令** b—**一向一揆**
(2)**分国法**(家法) (3)**エ**

③ (1)**ア** (2)**世阿弥** (3)**書院造**

📝**記述問題にチャレンジ** 例**日本や中国，朝鮮，東南アジアの国々との中継貿易を行ったため栄えた。**

解説

① (1)鎌倉幕府を倒した後に**後醍醐天皇**が行った**建武の新政**は，貴族を重視する政策に武士の間で不満が高まり，2年ほどで失敗に終わった。

(2)有力守護大名の斯波・細川・畠山の3氏が交代で役職に就き，三管領といわれた。

(3)**エ**．1392年に南北朝統一に成功したことで，約60年間続いた南北朝の争乱は終息し，幕府政治は安定した。なお，**ア**．鎌倉時代の北条泰時，**イ**．安土桃山時代の織田信長，**ウ**．平安時代末期の平清盛について述べた文である。

(4)・(5)資料2は**勘合**と呼ばれる合札。正式な貿易船と**倭寇**とを区別するためにこの札が用いられた。これがないと倭寇とみなされ，処罰された。

(6)寧波は遣唐使船も入港した，古代からの中国の玄関港であった。日明貿易で大量に**銅銭**が輸入されたことによって，日本では貨幣経済がさらに発展した。

(7)**ウ**．庄屋(名主)は，江戸時代の村役人の長である。なお，**ア**．土倉や酒屋は高利貸しを営んでいたため，襲撃の対象となった。**イ**．守護大名への抵抗の代表的なものが土一揆である。**エ**．**惣**では寄合と呼ばれる会議で村掟をつくり，入会地の管理や年貢の納入などを共同で行った。

② (1)a．徳政令とは，借金や負債の取り消しを命じた法令である。b．一向一揆とは，一向宗(浄土真宗)の信者がおこした一揆。近畿・東海・北陸の各地で一揆をおこした。加賀の一向一揆では，一向宗(浄土真宗)の信者が守護大名を倒し，以後，約100年間も自治を行った。

(3)史料の内容は喧嘩両成敗。出典の「甲州法度之次第」は別名「信玄家法」ともいう。

！ここに注意 (1)一向一揆のほかに，**土一揆**とは室町時代におこった，農民の組織的反抗。年貢の減免や借金の帳消しなどを求めておこした。江戸時代，農民が年貢の軽減や代官の交代などを求めておこした反抗運動は**百姓一揆**という。

3 (1)図Ⅰの建物は**金閣**である。3代将軍**足利義満**のころ，**北山文化**が栄えた。なお，**イ**．8代将軍足利義政のころの東山文化，**ウ**．桃山文化，**エ**．江戸時代前期の元禄文化の特色である。
(2)観阿弥・世阿弥父子は足利義満の保護を受け，それまで民間にはやっていた猿楽や田楽を芸術性の高い**能**として大成した。
(3)東求堂同仁斎は足利義政の書斎。掛け軸や生け花を飾る床の間をもち，畳を敷き詰めた書院造は，現在の和風建築のもととなった。

！ここに注意 (1)足利義満のころの金閣に代表されるのが**北山文化**。公家文化と武家文化の融合が見られる。(3)足利義政のころの銀閣に代表されるのが**東山文化**。禅宗の影響を受け，簡素で気品のある文化である。

✎記述問題にチャレンジ 東シナ海と南シナ海を結ぶ位置にあった**琉球王国**は地の利をいかして，**中継貿易**で繁栄した。

入試攻略 Points

対策 ❶東アジアでは王朝の交代による混乱が生じる中で**倭寇**の活動が活発化し，その対策から外交・貿易関係が結ばれた。
中国…漢民族の王朝である明が建国された。足利義満が朝貢形式の**勘合貿易**を始め，大量の銅銭がもたらされた。
朝鮮…李成桂が高麗を滅ぼし，**朝鮮国**を建国した。朝鮮との貿易で綿織物がもたらされた。
琉球王国…尚氏が建国し，**中継貿易**で栄えた。
アイヌ民族…十三湊(青森県)で交易を行った。
❷将軍足利義政のあとつぎなどをめぐって，**応仁の乱**がおこった。11年間の戦いの後，幕府は力を失い，**下剋上**の風潮が広がった。戦国大名は独自の**分国法**を定めて領国の支配を強化し，民衆も自治を目ざして**国一揆**や**一向一揆**などをおこした。
❸金閣を建てた**足利義満**のころの文化を**北山文化**という。世阿弥は義満の保護を受け，父の観阿弥とともに能を大成した。いっぽう，**銀閣**を建てた**足利義政**のころの文化を**東山文化**という。禅宗の影響が強く，**書院造**や石庭，**水墨画**など，簡素で趣のある文化が発達した。

6 時間目 ヨーロッパ人の来航と全国統一

解答（pp.14〜15）

1 (1)A―イ　B―カ
(2)ア
(3)①エ　②イ→ア→エ
(4)ア
(5)X―関所　Y―税
2 (1)イ
(2)①エ　②刀狩　③ウ
(3)①千利休　②南蛮文化

✎記述問題にチャレンジ **例**イスラム商人から高い価格で買っていた香辛料などを直接手に入れるため。

解説

1 (1)**A**．イは種子島。1543年，漂着した中国船に乗っていたポルトガル人から種子島の領主が鉄砲を購入した。**B**．カは堺。国友(滋賀県)でも鉄砲生産がさかんに行われた。
(2)**ア**．**長篠の戦い**では，大量の鉄砲を効果的に使うとともに，武田の騎馬隊対策として馬防柵なども用いた。
(3)①免罪符(贖宥状)を売り出したローマ教皇に対し，ドイツの神学者ルターが「信仰のよりどころは聖書である」として宗教改革を始めた。これに対抗して，旧教(カトリック)側もフランシスコ＝ザビエルらが中心となってイエズス会を設立し，アジアやアメリカ大陸での布教を進めた。②アは1492年のできごと，イは14世紀のできごと，ウは18世紀後半のできごと，エは1522年のできごとである。
(4)当時，日本は**石見銀山**(島根県)をはじめ，各地で大量に銀を産出していた。
(5)**X**．交通の重要なところに設けられ，通行料をとっていた。経済の発展を妨げたため，織田信長・豊臣秀吉はこれを廃止した。**Y**．市場の税を免除し，座の特権を取り上げて，だれもが自由に商工業ができるようにした。このような政策を**楽市・楽座**という。

！ここに注意 (1)1543年に種子島に漂着し，日本に鉄砲を伝えたのはポルトガル人である。スペイン人ではないことに注意。種子島の位置も地図帳で確認しておく。

2 (1)琵琶湖の東岸に位置する**安土**は都に近く，街道の拠点でもあり，水運の便も良かった。
(2)①エ．**太閤検地**によって荘園制は崩壊した。②百姓が一揆を企てることを防ぎ，**兵農分離**を進めることを目的とした。農民に対しては，武器は方広寺の大仏に

用いる釘などに利用するので，差し出せば救われると説いた。③**ウ**．バテレン追放令によって宣教師の国外追放を命じたが，**南蛮貿易**は奨励するなど不徹底な政策であったため，キリスト教徒はその後も増え続けていった。

(3)②ポルトガル人やスペイン人が伝えたヨーロッパの文化である。印刷術のほか，天文学，地理学，医学などが日本に伝えられた。

✎記述問題にチャレンジ ルネサンスによる羅針盤の改良によって航海術が進歩したことが大航海時代を築くきっかけとなった。

📖 **入試攻略 Points**

対策 ❶イスラム勢力の支配下に置かれた聖地エルサレムを奪還するための**十字軍**の遠征はイスラム世界との接触の機会となり，十字軍の失敗は**ローマ教皇**の権威低下を招いた。それらの影響がルネサンスとなって現れるとともに，**カトリック教会**の権威の低下は**宗教改革**に結びついた。ルネサンスで改良された羅針盤は**大航海時代**の扉を開き，宗教改革に対抗しようとしたカトリック教会の宣教師たちの海外布教は開拓された新航路によって拡大した。

❷尾張の小さな戦国大名であった織田信長は，桶狭間の戦いで駿河の今川義元を破り，足利義昭を京都から追放して室町幕府を滅ぼし，さらに，**鉄砲**を有効に使った戦法で，甲斐の武田氏を長篠の戦いで破った。翌年，琵琶湖の近くに安土城を築いて天下統一のための拠点とし，城下町ではだれでも自由に商工業ができるようにした（**楽市・楽座**）。自治都市の自治権を奪うとともに，南蛮貿易の利益を確保し，仏教勢力をおさえるためにキリスト教を保護した。

❸**本能寺の変**で，信長が明智光秀に自害に追い込まれた後，光秀を倒した豊臣秀吉が後継者となった。1590年，小田原の北条氏を滅ぼし，東北地方の伊達氏なども従わせ，全国を統一した。秀吉は**太閤検地**や**刀狩**によって**兵農分離**を実現した。対外的には，バテレン追放令を出して宣教師の国外追放を命じたが，南蛮貿易は奨励したため，キリスト教の取り締まりは不徹底に終わった。また，東アジアの支配を目ざし，朝鮮に二度出兵（文禄の役・慶長の役）したが，秀吉の病死とともに撤退した。

---

7 時間目　江戸幕府の成立と鎖国

解答 (pp.16〜17)

1 (1)イ→ウ→ア　(2)藩
(3)①**武家諸法度**　②イ　③例（幕府は大名に）江戸滞在費や往復の費用を負担させ，藩財政を圧迫させる（ため。）
(4)①朱印　②エ

2 (1)ア・エ　(2)ウ→エ→イ→ア
(3)国名―オランダ
　目的―例海外の情報を得るため。
(4)イ

✎記述問題にチャレンジ 例江戸から離れた地域に配置され，警戒すべき存在だったと考えられる。

解　説

1 (1)**ア**．1614年・1615年の大阪の陣，**イ**．1600年の**関ヶ原の戦い**，**ウ**．1603年のできごとである。
(3)① 1615年に初めて制定され，将軍の代替わりごとに改訂された。違反した大名は厳しく処罰された。②**ア**．織田信長が安土などに出した楽市令，**ウ**．豊臣秀吉が出した刀狩令である。③参勤交代以外にも，幕府は大名に対し，軍事負担や御手伝普請と呼ばれる土木工事事業などを課した。
(4)①朱印船はルソン（フィリピン）・安南（ベトナム）・シャム（タイ）などおもに東南アジアに出向き，中国産の生糸や絹織物などを輸入し，銀・銅などを輸出した。

2 (1)西国大名の貿易による利益をおさえ，幕府が貿易を独占することで権力強化を図った。また，キリスト教の教えは，封建的な道徳や習慣と合わない点が多かった。また，ポルトガルやスペインの侵略をおそれていた。
(2)**ウ**（1549年）→**エ**（1637〜38年）→**イ**（1639年）→**ア**（1641年）
(3)図は長崎港内につくられた人工島の**出島**である。1641年，オランダ商館を平戸から出島に移し，出島だけでの貿易を認めた。
(4)対馬藩・松前藩以外に，薩摩藩が幕府の許可を得て**琉球王国**を征服し，中国との中継貿易を管理下に置いていた。

✎記述問題にチャレンジ 大名とは将軍から1万石以上の領地を与えられた武士で，親藩・譜代大名・外様大名に区別された。譜代大名は関ヶ原の戦い以前から徳川氏の家臣であった大名。外様大名は関ヶ原の戦いのころから徳川氏に従うようになった大名で，石高は多いが，幕府の要職に任じられることはほとんどなかった。

対策 ❶江戸時代は，幕府と藩が全国の土地と人民をそれぞれ支配する**幕藩体制**がとられていた。藩の政治は大名に任されていたが，**武家諸法度**によって厳しく統制されていた。**徳川家光**は武家諸法度に**参勤交代**を追加し，将軍と大名の主従関係の確認を義務づけた。大名は親藩・譜代大名・外様大名に分類され，関ヶ原の戦い以前からの徳川氏の家臣であった譜代大名が**老中**などの要職を占めた。

❷2代将軍徳川秀忠はキリスト教の禁止を強化し，ヨーロッパ船の来航地を平戸と長崎に制限した。3代将軍家光のとき，日本人の海外渡航と帰国が禁止された。キリスト教徒への弾圧が厳しくなると，信者の多い島原・天草で，天草四郎(益田時貞)を大将として農民が一揆をおこした。これを**島原・天草一揆**という。これをしずめた幕府は翌年，ポルトガル船の来航を禁じ，さらに，平戸にあったオランダ商館を長崎の**出島**に移し，ここだけでの貿易を許した。キリスト教徒を見つけるために幕府は**絵踏**を行うとともに，宗門改を行って，仏教徒であることを寺に証明させた。

❸江戸時代は**鎖国**の時代といわれるが，長崎でのオランダ・中国との貿易のほかに，朝鮮・琉球・蝦夷地とも交流があった。対馬藩は朝鮮と貿易を行い，将軍の代替わりに，朝鮮から**朝鮮通信使**が派遣された。薩摩藩は琉球王国を征服し，中国との中継貿易の利益を得るとともに将軍や琉球国王の代替わりごとに使節を江戸に送り，将軍にあいさつさせた。**松前藩**は蝦夷地のアイヌの人々との交易の独占を認められていたが，不利な条件をアイヌの人々に押しつけたため，17世紀中期に**シャクシャイン**を指導者とした反乱がおこった。

8 時間目 産業の発達と幕府政治の動き

解答 (pp.18〜19)

1 (1)蔵屋敷　(2)ウ　(3)打ちこわし
(4)**工場制手工業(マニュファクチュア)**
(5)寺子屋　(6)エ　(7)浮世絵　(8)ア・エ

2 (1)①エ　②学問─蘭学
政策内容─例**キリスト教に関係のない漢訳洋書の輸入を認める。**
(2)①ウ
②例**物価を下げること。**

✎ 記述問題にチャレンジ 例**年貢による収入が減少したため，ふかひれや干しあわびを輸出することで増収を図った。**

解 説

1 (1)江戸・長崎・敦賀などにも置かれたが，そのうち商業の中心地で「天下の台所」といわれる大阪に置かれた数が最も多かった。

(2)**ウ.** 座は鎌倉〜室町時代に近畿地方を中心に発達した同業者組合。江戸時代の同業者組合は**株仲間**という。

(3)都市の貧しい人々が，米を買い占めたり，米価をつり上げたりする大商人や米屋などを襲った。

(4)大商人や地主が工場や作業所を建てて労働者を雇い，分業と協業で生産した。このような生産のしくみは，桐生の絹織物業や尾張の綿織物業などで見られた。

(5)江戸時代の庶民の教育施設。浪人や僧などが教師となり，町人や農民の子どもに「読み・書き・そろばん」などを教えた。

(6)**ア.** 江戸時代前期の画家。代表作に「風神雷神図屏風」がある。**イ.** 江戸時代中ごろの俳人・画家。**ウ.** 江戸時代後期の浮世絵画家。代表作に「ポッピンを吹く女」がある。**エ.** 江戸時代中期の人形浄瑠璃・歌舞伎の台本作家。

(8)文化・文政期の文化を**化政文化**という。**ア**の『東海道中膝栗毛』は十返舎一九が書いたこっけい本。十返舎一九と，**エ**の葛飾北斎・歌川広重は，ともに化政文化を代表する人物。**イ**の井原西鶴は元禄文化，**ウ**の千利休は桃山文化を代表する人物である。

!ここに注意 (3)江戸時代，都市で貧しい人々がおこす暴動が打ちこわし，農村で百姓が年貢減免などを求めておこすのが百姓一揆。室町時代におきた民衆の集団行動には土一揆・国一揆・一向一揆などがあるが，百姓一揆と呼ばれるものはない。

2 (1)徳川吉宗の改革を享保の改革という。①**ア.** 田沼意次の改革，**イ.** 水野忠邦の天保の改革，**ウ.** 松平定信の寛政の改革の政策である。②学問名の「蘭学」は「洋学」でも可。「蘭」は当時，唯一貿易を許していたオランダを表す。漢訳洋書(中国語に翻訳されたヨーロッパの本)の輸入には，「キリスト教に関係のない本」であることが絶対条件だった。

(2)①資料2中の「株仲間を解散させた」がヒント。株仲間の解散は，天保の改革で行われた政策の1つである。②物価上昇の原因を，株仲間が商品の流通を独占しているためだとして，1841年，株仲間の解散を命じた。しかし，かえって商品の流通が乱れ，経済が混乱したため，10年後に株仲間は再興された。

享保の改革・寛政の改革・天保の改革が「質素・倹約」を基本的な方針としたのに対し，田沼意次は商人の経済力を利用した積極策をとった。長崎貿易を奨励し，俵物と呼ばれた海産物の輸出を拡大した。また，銅・朝鮮人参などを専売制にしたり，同業者組合である**株仲間**を認めて，営業税を徴収するなどの策をとった。

入試攻略 Points

対策

❶農業の発達…新田開発や干鰯などの金肥の利用による収穫量の増大，備中ぐわや千歯こきなどの農具の改良による効率化など，農業技術の進歩は著しかった。

交通の発達…参勤交代などのために**五街道**，年貢米を江戸や大阪に運ぶために東廻り航路や西廻り航路が整備された。江戸－大阪間は**菱垣廻船・樽廻船**が航行した。

商業の発達…同業者組合である**株仲間**が営業を独占し，経済的に武士を上回る商人も現れた。大阪は「天下の台所」として栄え，各藩が年貢米や特産物を換金するために蔵屋敷を置いた。

❷享保の改革…8代将軍**徳川吉宗**による。「米将軍」と呼ばれ，新田開発や一定の米を納めさせる代わりに，参勤交代の江戸滞在期間を半年に短縮する上米の制などで増収を図った。裁判基準の**公事方御定書**，人々の意見を聞く目安箱，キリスト教に関係のない漢訳洋書の輸入の緩和なども行った。

老中田沼意次の政治…商人の経済力を利用する積極的な経済政策をとった。**株仲間の奨励**や長崎貿易の振興などを図る。わいろ政治が横行し，天明のききんによる百姓一揆・打ちこわしが各地でおこり失脚。

寛政の改革…老中**松平定信**による。囲米の制，昌平坂学問所での朱子学以外の学問の禁止，旗本・御家人の借金の帳消し。厳しい改革に人々の反感を買って失脚。

天保の改革…老中**水野忠邦**による。株仲間の解散，江戸に出稼ぎに来ている農民を村に帰らせる人返しの法。江戸・大阪周辺地域を幕領にする**上知令**が大名・旗本の反対にあって失脚。

❸元禄文化…江戸時代前期の上方を中心とする豊かな町人の文化。**井原西鶴**の浮世草子，**近松門左衛門**の人形浄瑠璃の脚本が人気を集めた。菱川師宣が**浮世絵**を始めた。

化政文化…江戸時代後期の江戸を中心とする庶民の文化。浮世絵が多色刷りの木版画(錦絵)となり，**歌川広重・葛飾北斎・喜多川歌麿**らが人気を集めた。

学問…**朱子学**は幕府の正学として重んじられた。

蘭学は杉田玄白らによる『解体新書』をはじめ医学を中心に発達。測量学を学んだ**伊能忠敬**は正確な日本地図を作成した。**国学**は『古事記伝』を著した**本居宣長**が大成。幕末の尊王攘夷運動に影響を与えた。

9 時間目　欧米の近代化と日本の開国

解答（pp.20〜21）

1 (1)①イ　②ルソー
　　(2)①X－ウ　Y－イ　Z－エ
　　　②エ→ア→ウ→イ
　　(3)X－イ　Y－ア　Z－ア

2 (1)イ
　　(2)①横浜　②イ　③X－銀　Y－金
　　(3)大政奉還
　　(4)D→B→A→C

例 **関税自主権**がなかったため，価格の安い外国製品(綿織物)が大量に輸入されたから。

解説

1 (1)①**フランス革命**以前，貴族と僧は税を納める義務はなく（Aの図），王が政治権力のすべてを握っていた（**絶対王政**）（いの図）。②フランス革命の際に発表された「**人権宣言**」はルソーの思想やアメリカの独立宣言の影響を受けている。

(2)①世界で最初に**産業革命**に成功したイギリスは，原料の供給地と製品の市場を求めて，積極的にアジア侵略を進めていった。**アヘン戦争**での清の敗北は江戸幕府に大きな衝撃を与えた。②ア．1842年，イ．1858年，ウ．1853年，エ．1840年のできごとである。

(3)工業化に取り組んでいた北部は産業を守るために保護貿易を主張し，奴隷を使って綿花栽培をしていた南部は自由貿易を主張した。**リンカン大統領**は南北戦争中に奴隷解放宣言を出すとともに，ゲティスバーグでの演説で「人民の人民による人民のための政治」を訴えた。

2 (1)**薩摩藩**は生麦事件をおこしてイギリスの報復を受け，**長州藩**は下関砲台から砲撃事件をおこして四国艦隊に砲台を占領された経験から，両藩は攘夷の不可能を悟り，倒幕に方針を転じた。

(2)①日米修好通商条約により，函館・神奈川（横浜）・新潟・兵庫（神戸）・長崎の5港が開かれることになり，自由貿易を行うことが認められた。この5港のうち，最大の貿易港は横浜（神奈川は交通量の多い宿場だっ

たので，実際の開港地は横浜に変更）で，最大の貿易
相手国はイギリスだった。②外国との貿易が始まると，
外国から毛織物・綿織物・武器などが輸入され，日本
からは生糸・茶などが輸出された。
(3)徳川慶喜は自ら政権を返すことで，新政権でも影響
力を維持しようと考えていたが，朝廷は王政復古の大
号令を出して天皇親政を宣言し，慶喜に官職や領地の
返上を命じた。旧幕府側はこれを不服とし，戊辰戦争
をおこした。
(4)Aは薩長同盟で1866年のできごと，Bは桜田門外
の変で1860年のできごと，Cは大政奉還で1867年の
できごと，Dは日米和親条約で1854年のできごとで
ある。

✎記述問題にチャレンジ 日米修好通商条約は日本が領事裁
判権を認め，日本に関税自主権のない不平等条約であ
った。関税自主権がないため，値段の安い綿織物が大
量に輸入され，農村で発達していた綿作や綿織物業に
打撃を与えた。

📖入試攻略Points

対策 ❶市民革命…人間の自由と平等を唱える
啓蒙思想の影響を受け，イギリスではピューリタ
ン革命(清教徒革命)と名誉革命がおこり，「権利
(の)章典」を王に認めさせることで立憲君主政を
確立した。アメリカは「独立宣言」を発表し，イ
ギリスとの戦争に勝利して大統領制のアメリカ合
衆国を建国。フランスはフランス革命の際に「人
権宣言」を発表し，人民主権，自由・平等などを
明らかにした。
産業革命…イギリスで始まった蒸気機関を動力源
とする工場での機械生産は，資本家が労働者を雇
って利益を追求する資本主義のしくみを生み出し
た。やがて，欧米諸国は原料の供給地と市場を求
めて海外進出の競争を始めた。
❷日米和親条約…下田と函館を開港し，アメリカ
船への燃料や食料・水などの供給，下田にアメリ
カの領事を置くことなどが定められた。
日米修好通商条約…函館・神奈川(横浜)・新潟・
兵庫(神戸)・長崎を開港し，貿易を行うことを認
めた。日本がアメリカの領事裁判権を認め，日本
に関税自主権のない不平等な条約だった。
❸ペリーが浦賀に来航(1853年)→日米和親条約
(1854年)→日米修好通商条約(1858年)→安政の
大獄(1858〜59年)→桜田門外の変(1860年)→薩
英戦争(1863年)→四国艦隊下関砲撃事件(1864
年)→薩長同盟(1866年)→大政奉還，王政復古の
大号令(1867年)

10 時間目 明治維新と立憲制国家の形成

解答 (pp.22〜23)

1 (1)①五箇条の御誓文 ②廃藩置県
(2)①殖産興業 ②ウ (3)イ (4)ア
(5)文明開化
2 (1)伊藤博文 (2)ウ (3)自由党
(4)自由民権運動 (5)イ
(6)記号—ア 語句—衆議院

✎記述問題にチャレンジ 例授業料が家庭の負担だっ
たことや，子どもも大切な労働力であったこ
とから。

解説

1 (1)①明治天皇が神に誓う形で出された五箇条の御
誓文は，世論を重んじ，知識を世界に求めることなど
が定められていたが，国民に対して示された五榜の掲
示は，キリスト教の禁止や一揆の禁止など，江戸幕府
と変わらない政治方針であった。②版籍奉還後，旧藩
主は知藩事に任命され，それぞれの領地を治めたが，
廃藩置県が実施されると知藩事はやめさせられ，新た
に中央から府知事・県令が派遣されて地方を治めた。
(2)①政府は，軍事工場や鉱山を経営し，官営の製糸工
場や紡績工場をおこすとともに，経済発展の基礎とな
る鉄道や電信・郵便などの整備を行った。②資料は
1872年，群馬県に建てられた官営工場の富岡製糸場
である。フランスの機械・技術をとりいれて経営され
た。製糸業というのは，繭から生糸をつくる工業であ
る。
(3)ア．小・中学校9年間が義務教育となったのは太
平洋戦争後，ウ．デモクラシーの動きが見られたのは
大正時代である。
(4)イ．課税基準は土地の価格(地価)，ウ．地租は当初
は地価の3%だったが，地租改正反対一揆が各地でお
こり，2.5%に引き下げられた。エ．土地所有者は地
租を現金で納めた。
(5)太陽暦を採用し，1日を24時間，1週間を7日に
することも定められ，学校や軍隊などを通じて，全国
に広がっていった。

┌─────────────────────────────
❗ここに注意 (1)②藩の土地と人民を天皇に返さ
せた政策が版籍奉還，藩を廃止して，府と県を置
いた改革が廃藩置県である。
└─────────────────────────────

2 (1)伊藤博文は木戸孝允・大久保利通が亡くなった
後，政府の中心人物となった。初代内閣総理大臣就任
以外にも，憲法草案の作成，初代枢密院議長，日清戦
争後の下関条約の締結，立憲政友会の結成，初代韓国

統監の就任など，多くの業績を残した。

(2)条約改正の予備交渉と，欧米の進んだ政治・社会・産業の様子などを視察するために，岩倉具視，**大久保利通**，**木戸孝允**らが派遣された。使節団には多くの留学生も同行し，最年少女子留学生の**津田梅子**はアメリカから帰国後，女子教育の発展に力を尽くした。

(3)**板垣退助**が結成した**自由党**はフランスの影響を受けた急進的な政党。**大隈重信**が結成した**立憲改進党**はイギリス流の議会政治を目ざした。

(4)薩摩・長州・土佐・肥前藩の出身者が政治の実権を独占する**藩閥政治**を批判した。

(5)**ア・ウ**は日本国憲法の内容，**エ**は地方自治法の内容である。

(6)貴族院は皇族・華族の代表者や，天皇が任命した者，高額納税者などで構成された。衆議院議員選挙の選挙権を得たのは全人口の約1.1%に過ぎなかったが，投票結果は民権派が議席の多数を占めた。

📝記述問題にチャレンジ 当時，子どもは大切な働き手であり，また，授業料が家庭の負担となったことや，学校の建設費用も地元の人々の負担であったため，学制に反対する一揆もおこった。

📖入試攻略Points

対策

❶**学制**…1872年に学制を公布して，満6歳以上の男女に小学校教育を受けさせることとした。しかし，授業料が家庭の負担となったことや，働き手である子どもの就学への反対もあり，初めのころは学校に行く子どもはあまり多くなかった。

徴兵令…1873年に徴兵令が出され，満20歳以上の男子に兵役の義務を課した。しかし，国民は働き手をとられるため，徴兵反対一揆をおこした。

地租改正…1873年から実施。地価を定めて土地所有者に地券を与え，**地価の3%を地租**として土地所有者に**現金**で納めさせた。地租改正によって政府の収入は安定したが，農民の負担はかわらず，各地で地租改正反対一揆をおこした。このため，1877年に地租は地価の2.5%に引き下げられた。

❷ 1874年…**征韓論**の政争に敗れ，政府を去った板垣退助らが**民撰議院設立の建白書**を提出。

1880年…大阪で国会期成同盟結成。

1881年…北海道開拓使官有物払い下げ事件をきっかけに，政府は**国会開設の勅諭**を出す。板垣退助が自由党を結成。

1882年…大隈重信が立憲改進党を結成。

1885年…**内閣制度**ができ，初代内閣総理大臣に伊藤博文が就任。

1889年…**大日本帝国憲法**を発布。

1890年…**第1回帝国議会**を開催。**教育勅語**を発布。

❸大日本帝国憲法では**主権は天皇**にあるとされ，天皇は国の元首として国の統治権をもち，陸海軍を指揮することも天皇の権限とされた。宣戦や講和，外国と条約を結ぶことも天皇の権限で，議会には決定権がなかった。内閣は天皇に対して責任をもち，議会に対しては責任をもたなかった。国民の権利も認められたが，法律によって制限することができた。

---

11 時間目 日清・日露戦争と近代産業

解答 (pp.24～25)

1 (1)**イ** (2)**エ**
(3)① Y→X→Z ② B ③**ウ**
(4)**ア**

2 (1)例**イギリスに領事裁判権を認めていたため。**
(2)**ウ→ア→イ→エ**

3 (1)**イ** (2)A―ウ C―ア

📝記述問題にチャレンジ 例**重税や大きな犠牲を払ったにもかかわらず，賠償金を得ることができなかったから。**

解説

1 (1)**イ**の**甲午農民戦争**は朝鮮の東学と呼ばれた宗教団体を中心とする農民反乱である。この反乱の鎮圧のために朝鮮政府は清の出動を要請した。なお，**ア**は満州事変のきっかけとなった南満州鉄道爆破事件，**ウ**は日朝修好条規締結のきっかけとなった，朝鮮の江華島沖で日本の軍艦が挑発したことでおきた武力衝突事件である。

(2)**エ**. 当時，清は朝鮮を属国であると見なしていた。朝鮮の独立を認めさせることによって，日本の関与を可能にした。また，賠償金の大半は日清戦争の戦費と軍備拡張費に費やされ，一部を使って福岡県に官営の**八幡製鉄所**を建設した。なお，**ア**. ポーツマス条約，**イ**. ポツダム宣言，**ウ**. ベルサイユ条約についての内容である。

(3)① **X**. 1901年，**Y**. 1895年，**Z**. 1902年のできごとである。② **A**は樺太(サハリン)，**B**は遼東半島，**C**は山東半島，**D**は台湾である。③**ア**. 昭和時代初期，**イ**. 大正時代について述べている。**エ**. 19世紀のビスマルクの時代である。

(4)日本は**東郷平八郎**の率いる海軍が日本海海戦で勝利をおさめ，戦争を優位に進めていたが，戦力は限界に達していた。

10

2 (1)**ノルマントン号事件**を契機に，領事裁判権撤廃を要求する世論が高まった。
(2)**陸奥宗光**が**領事裁判権の撤廃**に成功したのは，日清戦争直前の 1894 年，**小村寿太郎**が**関税自主権の完全回復**に成功したのは，日露戦争に勝利し，韓国を併合した後の 1911 年である。
3 (1)**イ**．江戸時代後期にはすでに問屋制家内工業から工場制手工業に移行していた。
(2) 1885 年には工業製品である綿糸を輸入し（表中の**A**），工業製品である生糸を輸出していた（表中の**C**）が，日清戦争後，軽工業を中心とした産業革命が進み，1899 年には綿糸の原料である綿花を輸入し（表中の**B**），それを加工して綿糸（表中の**A**）を生産し，生糸（表中の**C**）とともに日本の主要な輸出品となった。

📝 **記述問題にチャレンジ** 資料 2 で日清戦争と日露戦争を比較すると，日露戦争の方が多くの人々が兵として戦争に動員され，戦費が多くかかったことが読み取れる。賠償金を得られなかったことに必ず触れること。

📖 **入試攻略 Points**

対策 ❶幕末に 5 か国と結んだ修好通商条約は領事裁判権を相手国に認め，日本には関税自主権がない，不平等な内容だった。明治初期に**岩倉使節団**が条約改正の予備交渉に欧米に出向いたが，日本の近代化が不十分であることを理由に失敗に終わった。そこで政府は**富国強兵**政策を推し進め，憲法制定などの法整備を行うとともに，**鹿鳴館**で舞踏会を開くなど極端な欧化政策をとった。東アジア情勢なども影響し，日清戦争直前に**領事裁判権の撤廃**に陸奥宗光が成功し，韓国併合後，**関税自主権の完全回復**に小村寿太郎が成功した。不平等条約の完全改正は明治時代が終わる前年にようやく達成された。
❷**日清戦争**…1894 年，朝鮮で**甲午農民戦争**と呼ばれる農民反乱がおこると，その鎮圧のため日清両国が出兵した。反乱は収まったが，両国は兵を撤退させず，日清戦争が始まった。戦争は日本の勝利に終わり，**下関条約**が結ばれた。日本は清に朝鮮が独立国であることを認めさせ，清から台湾や**遼東半島**を譲り受け，巨額の賠償金を獲得したが，三国干渉を受け遼東半島を返還した。
日露戦争…朝鮮や満州をめぐる日露の対立から，1904 年，日露戦争が始まった。日本は日本海海戦でバルチック艦隊を破ったが，兵力や物資が乏しくなり，ロシアでも革命の動きが見られ，両国

とも戦争を続けることが難しくなった。1905 年，アメリカの仲立ちで講和会議が開かれ，**ポーツマス条約**が結ばれた。日本はロシアに朝鮮半島での日本の優越権を認めさせるとともに，**南樺太や旅順・大連**の租借権などを譲り受けたが，賠償金を手にすることはできなかった。
❸**軽工業**…1880 年代後半，製糸業や紡績業での産業革命が進んだ。1890 年に**綿糸**の国内生産高が輸入高を上回り，日露戦争後，日本は世界最大の**生糸**輸出国となった。
重工業…日清戦争の賠償金の一部を使って福岡県に**八幡製鉄所**が建設された。このころ財閥が成長し，労働問題や公害問題もおこるようになった。衆議院議員だった**田中正造**が帝国議会に問題提起した**足尾銅山鉱毒事件**は日本初の公害事件である。

📘 **12 時間目** 第一次世界大戦と日本

解答 （pp.26〜27）

1 (1)**ウ** (2)**イ** (3)**ウ**
(4)①**ウィルソン** ②**エ** (5)**ウ→イ→ア**
2 (1)① X ―**シベリア出兵** Y ―**原敬** ②**イ**
(2)賛成―**エ** 反対―**ア**
(3)**民本主義** (4)**全国水平社**

📝 **記述問題にチャレンジ** 例物価の上昇に労働者の賃金の上昇が追いついていなかったから。

解 説

1 (1)サラエボが位置する**バルカン半島**は，民族・宗教の対立と列強の利害の衝突で，いつ戦争がおこってもおかしくない情勢にあったことから，「**ヨーロッパの火薬庫**」と呼ばれていた。
(2)**イ**．パリ講和会議でドイツと連合国の間で結ばれた条約を**ベルサイユ条約**という。なお，**ア**．第二次世界大戦後のサンフランシスコ平和条約，**ウ**．日露戦争後のポーツマス条約，**エ**．日清戦争直前にイギリスとの間で結ばれた日英通商航海条約について述べた文である。
(3)朝鮮でおこった反日独立運動の**三・一独立運動**と混同しないこと。
(4)①アメリカ大統領ウィルソンが提案した国際平和機構であったにもかかわらず，アメリカは議会の反対によって加盟しなかった。②**エ**．日本はアジアで唯一の常任理事国で，事務局次長には**新渡戸稲造**が就任した。国際連盟の本部はスイスのジュネーブに置かれ，初期には，ソ連やドイツの加盟は認められていなかった。国際紛争の解決手段は経済制裁のみで，武力制裁はで

きなかった。

(5)**ア**．1921〜22 年，**イ**．1915 年，**ウ**．1914 年のできごとである。

2 (1)①**X**．社会主義が拡大することをおそれた連合国による**ロシア革命**への軍事干渉である。

(2)**資料**は**普通選挙法**の成立を知らせ，投票を促すためのポスターである。1925 年，**満 25 歳以上のすべての男子**に選挙権が与えられると同時に**治安維持法**も制定された。なお，**イ・ウ**は日米安全保障条約締結時の意見である。

(4)大正時代の民主的な風潮を**大正デモクラシー**といい，社会運動が活発化した。**全国水平社**以外にも，労働者が日本労働総同盟，小作農は日本農民組合を結成し，権利の向上を目ざした。また，明治時代末期に**青鞜社**を結成していた**平塚らいてう**らは新婦人協会を結成し，婦人参政権の獲得を目ざした。

◢記述問題にチャレンジ 第一次世界大戦の戦場にならなかったアメリカや日本は好景気にわいた。三井や三菱，住友などの**財閥**はさらに巨大化し，大戦景気で急に財産を築いた**成金**も現れたが，労働者の賃金は物価上昇に追いついていなかった。

📖入試攻略 Points

対策 ❶第一次世界大戦はおもにヨーロッパを戦場とした世界規模の戦争で，飛行機や戦車，毒ガスなどの近代兵器が投入された。ロシアでは大戦中に**レーニン**が主導する**ロシア革命**がおこり，ソビエト政府が単独でドイツと講和した。アメリカの参戦をきっかけに，戦況は連合国に有利となり，ドイツが敗北。**ベルサイユ条約**を結んだ。戦後，平和の気運が高まり，**国際連盟**が設立され，**ワシントン会議**が開かれた。アジアでは，朝鮮で**三・一独立運動**，中国で**五・四運動**，インドでは**ガンディー**が指導し，イギリスに対して非暴力・不服従の抵抗運動がおこった。

❷第一次世界大戦に，日本は日英同盟を口実に連合国側に立って参加。中国のドイツ租借地を攻撃した後，中国に**二十一か条の要求**を突きつけ，山東省などのドイツの権益を手に入れた。ロシア革命の拡大を阻止するための**シベリア出兵**にも参加。**大戦景気**で重化学工業が急成長した。

❸大正時代初期，**第一次護憲運動**がおき，藩閥の桂太郎内閣を退陣に追い込んだ。大戦中，シベリア出兵を見こした米の買い占めによる米価の高騰に対し**米騒動**がおこり，寺内正毅内閣が責任を取って辞職。**立憲政友会**総裁の**原敬**が初の本格的な**政党内閣**をつくった。世界的な民主主義の風潮は日本にも伝わり（**大正デモクラシー**），**吉野作造**が

民本主義を唱えた。社会運動も高まりを見せ，**労働争議**や**小作争議**が多発した。**平塚らいてう**らは婦人参政権獲得を目ざし，新婦人協会を設立した。部落差別からの解放を訴える**全国水平社**も発足した。1925 年，満 25 歳以上のすべての男子に選挙権を与える**普通選挙法**が成立したが，同時に共産主義などを取り締まる**治安維持法**も制定され，自由な風潮が衰退するきっかけとなった。

13 時間目 第二次世界大戦と日本

解答 (pp.28〜29)

1 (1)①イギリス—ア　ドイツ—ウ　②エ
(2)ウ
(3)ア→ウ→イ
(4)エ
2 (1)五・一五事件
(2)例満州国を承認せず，日本に軍隊
(3)ウ
(4)ウ→エ→イ→ア

◢記述問題にチャレンジ 例兵器をつくるための金属が不足していたから。

解　説

1 (1)①**ア**．**ブロック経済**といい，フランスもイギリスと同様の政策をとった。**ウ**．**ファシズム**といい，ドイツでは**ナチス**を率いる**ヒトラー**が再軍備を始めた。同様にイタリアでは**ムッソリーニ**の率いる**ファシスト党**が軍備を増強し，エチオピア侵略を行った。なお，**イ**はアメリカ，**エ**はソ連の政策である。②独自の社会主義経済政策をとっていたソ連は，世界的な不景気の影響をほとんど受けなかった。

(2)**A**の新渡戸稲造の事務局次長就任は大正時代のできごとである。**B**の杉原千畝はリトアニア領事代理で，アメリカに逃げようとするユダヤ人たちが日本を通過することを許可するビザを発行した。当時，日本とドイツは同盟関係にあり，彼の行動は日本政府の方針に反するものだった。

(3)**ア**．1939 年，**イ**．1941 年，**ウ**．1940 年のできごと。

(4)**ABCD包囲網**は，A（アメリカ：America）・B（イギリス・Britain）・C（中国・China）・D（オランダ・Dutch）の 4 か国による日本に対する経済封鎖である。

2 (1)暗殺された**犬養毅**首相は立憲政友会総裁。大正時代，尾崎行雄とともに第一次護憲運動を主導した。

(2)**満州事変**は日本の侵略行為であるとの中国の訴えを受けた国際連盟は，リットン調査団を派遣した。調査

団の報告を受け，国際連盟総会は日本軍の満州からの引き上げを勧告した。日本はこれを不満として1933年，国際連盟を脱退し，国際的な孤立を強めた。

(3)日中戦争の長期化に伴い，戦時体制を強化するため，**国家総動員法**が1938年に制定された。また，大日本帝国憲法のもとでは，軍隊の指揮権は天皇に属した。

(4) **ア**．1943年，**イ**．1941年，**ウ**．1932年，**エ**．1938年のできごとである。

!ここに注意 (1)五・一五事件（1932年）…海軍将校たちによる犬養毅首相の暗殺事件で，政党政治を終わらせた。二・二六事件（1936年）…陸軍青年将校らが軍隊を率いて，大臣を殺傷するとともに，国会周辺を占拠した事件で，軍部はさらに発言力を強める結果となった。

✎記述問題にチャレンジ 兵器の生産が最優先とされ，家庭の鍋や釜も兵器製造の原料として政府が回収した。

📖入試攻略 Points

対策 ❶**ニューディール政策**…アメリカでフランクリン＝ローズベルト大統領が行った。生産量の調整と公共事業をおこすことによる失業対策などの政策。

ブロック経済…イギリスやフランスが行った。植民地との関係を深め，他国の商品には高い関税をかけて締め出す政策。

五か年計画…社会主義国ソ連がとった計画経済。

ファシズム…ドイツのヒトラーやイタリアのムッソリーニがとった，民族意識をあおって世論の支持を集めたうえでの独裁的な政治体制。

❷**金融恐慌**（1927年）→世界恐慌の影響による昭和恐慌（1929年）→柳条湖事件をきっかけとする**満州事変**（1931年）→満州国建国（1932年）→**五・一五事件**（1932年）→国際連盟から脱退（1933年）→**二・二六事件**（1936年）

❸盧溝橋事件をきっかけとする**日中戦争**の開始（1937年）→**国家総動員法**（1938年）→第二次世界大戦の開始（1939年）→日独伊三国同盟（1940年）→日ソ中立条約（1941年）→アメリカの対日石油輸出全面禁止（1941年）→**太平洋戦争の開始**（1941年）→ミッドウェー海戦（1942年）→**学徒出陣**（1943年）→サイパン島陥落（1944年）→本土空襲の激化（1944年）→**集団疎開（学童疎開）**（1944年）→東京大空襲（1945年3月）→米軍の沖縄本島上陸（1945年4月）→ドイツの降伏（1945年5月）→ポツダム宣言発表（1945年7月）→**広島**に原子爆弾投下（1945年8月6日）→ソ連の対日参戦（1945年8月8日）→**長崎**に原子爆弾投下（1945年8月9

日）→**ポツダム宣言受諾**の玉音放送（1945年8月15日）

14時間目 日本の民主化と2つの世界

解答（pp.30〜31）

1 (1)ア・ウ
(2)①農地改革 ②例（政府が）地主の所有する小作地を強制的に買い取り，小作人に安く売り渡したから。
(3)ア
(4)例満20歳以上の男女に選挙権が認められた。
(5)①ウ ②教育基本法

2 (1)ウ
(2)①吉田茂 ②日米安全保障条約
(3)X－ウ Y－ア Z－イ

✎記述問題にチャレンジ 例安全保障理事会の常任理事国のソ連が**拒否権**を行使したから。

解説

1 (1)**イ**は大正時代に行われた改革，**エ**は明治時代に行われた改革である。
(2)**農地改革**によって，小作人の多くは自作農となり，農村の民主化が進んだ。
(3)少数の資本家による企業の独占を防ぐため，1947年に独占禁止法が制定された。
(4)1942年の時点で選挙権が与えられていたのは，満25歳以上の男子だった。
(5)①**ウ**．戦前の知事は廃藩置県で府知事・県令が政府から派遣されて以降，県知事と名称が変わっても中央政府から派遣されていた。なお，他の選択肢はすべて明治時代に実施された内容である。

2 (1)a．**朝鮮戦争**が始まると，アメリカ軍は大量の軍需物資を日本に注文した。このため日本では**特需景気**と呼ばれる好景気を迎え，日本経済の復興が進んだ。
d．アメリカ軍が朝鮮へ出動したため，その後の日本の治安を守ることを目的に，GHQの命令で警察予備隊がつくられた。
(2)①**吉田茂**は日本国憲法公布時の内閣総理大臣でもあった。②日本を防衛することを名目に，日本国内にアメリカ軍基地を置き，アメリカ軍の駐留を認めた。
(3)**X**．敗戦国ドイツは東西に分割統治され，東ドイツに位置するベルリンも分割された。1949年に東西に分かれて独立した。冷戦が激しくなると，西側陣営の

飛び地である西ベルリンを取り囲む形で**ベルリンの壁**が築かれた。**Y**．ベトナムは戦後，南北に分かれて独立し，北ベトナムはソ連・中国の支援を受け，南ベトナムはアメリカの支援を受けて戦った。アメリカは1965年に本格的に**ベトナム戦争**に介入したが，反戦運動が高まり，1973年に休戦協定が結ばれ撤退した。1976年に南北が統一され，ベトナム社会主義共和国が成立した。**Z**．朝鮮半島は戦後，アメリカとソ連によって南北に分断統治され，1948年に大韓民国と朝鮮民主主義人民共和国として独立した。1950年，朝鮮統一を目ざして北朝鮮が韓国に攻め込み，**朝鮮戦争**が始まった。国連軍は韓国，中国義勇軍は北朝鮮を支援し戦闘が続いたが，1953年に休戦協定が結ばれた。

記述問題にチャレンジ 国連加盟は安全保障理事会の勧告に基づいて総会が決定する。ソ連はサンフランシスコ平和条約への調印を拒否しており，日本との国交は回復していない状態だった。1956年，**日ソ共同宣言**の調印によって日ソ間の国交が回復したことで，日本の国際連合への加盟が実現した。

入試攻略 Points

対策 ❶占領政策の基本方針は日本の非軍事化と民主化だった。

非軍事化…軍隊の解散や**極東国際軍事裁判**による戦争責任の追及など。

民主化…**財閥解体**，労働者の権利保障，**農地改革**，**男女普通選挙**，**日本国憲法**の制定など。

❷第二次世界大戦後の国際社会は，アメリカ合衆国を中心とする資本主義諸国（西側陣営）とソ連を中心とする社会主義諸国（東側陣営）の対立を軸に繰り広げられた。東西両陣営の戦火を交えない対立は**冷戦（冷たい戦争）**と呼ばれた。

❸朝鮮戦争のさなかの1951年にサンフランシスコで講和会議が開かれ，日本はアメリカなど48か国と**サンフランシスコ平和条約**を結び，独立を回復した。しかし，ソ連をはじめとする東側陣営やアジアの多くの国々との講和は成立しなかった。安全保障理事会の常任理事国であるソ連が拒否権を発動したため，国際連合加盟は**日ソ共同宣言**に調印した1956年まで実現しなかった。

15 時間目 現代の日本と世界

解答（pp.32〜33）

1 (1)**ウ** (2)**エ**
(3)例**沖縄がアメリカから日本に返還された。**

(4)①**冷戦** ②**エ**
2 (1)a—**イ**　b—**ウ**
(2)記号—**ア**　理由—例**白黒テレビからカラーテレビに買い替えが進んだと考えられるから。**
(3)X—**石油危機（オイルショック）**
　Y—**バブル経済**

記述問題にチャレンジ 例**高度経済成長**によって収入が増え生活は豊かになったが，その一方で，公害問題が深刻化していた。

解　説

1 (1)**第五福竜丸事件**がおきたのは1954年で，翌年，広島で第一回原水爆禁止世界大会が開かれた。なお，**ア**．2021年，**イ**．1971年，**エ**．1970年のできごとである。

(2)**高度経済成長期**，若者が農村部から都市部に仕事を求めて移動したことで，農村は**過疎化**し，都市では過密による都市問題が発生した。なお，**ア**．昭和時代の戦中，**イ**．1980年代後半，**ウ**．GHQの占領下の様子である。

(3)1972年，**佐藤栄作内閣**のときに沖縄の本土復帰が実現した。

(4)①第二次世界大戦後のアメリカを中心とする資本主義諸国（西側陣営）とソ連を中心とする社会主義諸国（東側陣営）の対立状態。ベルリンの壁崩壊は1989年。壁が崩壊した翌月，米ソ首脳が**マルタ会談**で冷戦の終結を宣言した。② **PKO協力法**は1992年に公布され，その年に自衛隊はカンボジアに派遣された。

2 (1)a．1956年に調印された**日ソ共同宣言**で，日本とソ連との国交は回復した。b．1972年に**日中共同声明**が調印されて，日本と中国との国交が正常化した。なお，中国とは1978年に**日中平和友好条約**を締結しているが，ソ連（現在のロシア連邦）とは北方領土問題が未解決のために平和条約は結ばれていない。

(2)高度経済成長期前半に，白黒テレビ・電気洗濯機・電気冷蔵庫の「三種の神器」が急速に普及し，その後，カラーテレビ・自動車・クーラーの「3C」が普及した。

(3)X．1973年の第四次中東戦争をきっかけにおきた**石油危機**によって，日本の高度経済成長は終わりを告げた。Y．**バブル経済**の崩壊以降，日本は「失われた10年」といわれる平成不況に陥った。

記述問題にチャレンジ 重化学工業の発達は，環境悪化を招き，四大公害病をはじめとする公害問題が深刻化したことから，政府は**公害対策基本法**を制定し，**環境庁**（2001年より環境省）を設置した。

対策 ❶日本では 1950 年代の半ばごろから経済が急成長をとげ，1973 年の**石油危機**がおこるまで，20 年近く高度経済成長が続いた。この時期には工業の発展を優先させたため，さまざまな**公害問題**がおこり，特に四大公害病の被害は深刻なものとなった。

❷高度経済成長期（1950 年代の半ばごろ～1970 年代のはじめごろ）→**石油危機**（1973 年）で高度経済成長が終わる→安定成長の時代へ→**バブル経済**（1980 年代の終わり）→バブル経済の崩壊（1990 年代初頭）→平成不況

❸**欧米諸国の動き**…1989 年 11 月，冷戦の象徴であった**ベルリンの壁**が崩壊。同年 12 月，米ソの両首脳がマルタ島で会談し，**冷戦の終結**を宣言した。1990 年 10 月東西ドイツが統一され，1991 年にはソ連が解体した。

日本の動き…バブル経済崩壊後，不景気が長く続き，国際的な経済力は低下傾向にある。**少子高齢化**が進んでおり，今後の労働力不足や市場の縮小など，経済に対する影響は大きい。1995 年の**阪神・淡路大震災**，2011 年の**東日本大震災**など，自然災害が多発しており，今後，発生が予測される南海トラフ地震などに対する防災対策が急がれる。また，**地球温暖化**への対策など，**持続可能な開発目標（SDGs）**の 17 の目標への取り組みなど，今後の課題は大きい。

総仕上げテスト ①

解答（pp.34〜35）

1️⃣ (1)**高床倉庫** (2)**班田収授法**
(3)**ウ→イ→ア→エ**
(4)例**新田開発を積極的に行った。** (5)**エ**
(6)例**地価によって決められ，土地の所有者が現金で納める**

2️⃣ (1)**伊藤博文**
(2)例**日清戦争より日露戦争の犠牲が大きかったにもかかわらず，賠償金を獲得できなかったから。**
(3)**政党**
(4)例**（農地改革が行われ，）国が買い取った地主の土地が小作人に安く売り渡されたから。**（28 字）
(5)**エ** (6)**イ→ア→エ→ウ**

1️⃣ (1)ねずみの害や湿気を防ぐために，床を高くしていた。
(3)**ア**は室町時代初期，**イ**は鎌倉時代，**ウ**は平安時代末期，**エ**は戦国時代について述べた文である。
(4)**享保の改革**を行った**徳川吉宗**は「米将軍」と呼ばれ，新田開発以外にも，年貢率を固定する定免法や大名に対し，参勤交代の江戸滞在期間を半年に短縮する代わりに米を献上させる上米の制など，年貢増収に努めた。
(5)**X** はドイツではなくイギリス，**Y** はフランスではなくロシアについての文である。
(6)地券では，課税基準が石高（収穫量）から地価に変わり，地租の額（金額）が明記されていることに着目する。

2️⃣ (2)戦費は国内外からの借金や国民への増税でまかなわれていた。戦死者も多く，国民は大きな犠牲を払って戦争を支えていたにもかかわらず，賠償金が得られなかったことに不満が爆発した。
(3)「平民宰相」と呼ばれた**原敬**は立憲政友会の総裁で，陸軍・海軍・外務の 3 大臣以外をすべて立憲政友会の党員から選んだ。
(5)**e** の時期は**高度経済成長期**にあたる。池田勇人内閣は所得倍増計画を発表し，経済政策を重視した。なお，**ア**は明治時代，**イ**は大正時代，**ウ**は昭和時代末期～平成時代初期（1986～91 年）についての文である。
(6)**ア**は 1989 年，**イ**は 1973 年，**ウ**は 2003 年，**エ**は 1993 年のできごとである。

総仕上げテスト ②

解答（pp.36〜37）

1️⃣ (1)**ウ**
(2)①**ア** ②**ア**
(3)①**ウ** ②**書院造**
(4)例**遣唐使の停止によって唐の文化の影響がうすれ，日本の風土や生活感情に合った国風文化が生まれた。**
(5)**D→C→A→B**

2️⃣ (1)①**板垣退助** ②**自由民権運動**
(2)①例**二十一か条の要求の撤廃（山東省のドイツ権益の返還要求）がパリ講和会議で認められなかったから。**
②**イ**
(3)**ア**
(4)**a－ウ b－エ c－ア d－イ**
(5)**a－ウ b－エ c－ア d－イ**

解説

1 (1)人形浄瑠璃の台本作者とあるので，**ウ**の**近松門左衛門**である。**ア**は国学を大成した人物，**イ**は『東海道中膝栗毛』の作者，**エ**は浮世草子の作者である。
(2)①Bの大塩平八郎がおこした乱に衝撃を受けた幕府は，老中**水野忠邦**を中心に**天保の改革**を始めた。②忠邦は株仲間を解散させて物価の引き下げを図り，また，江戸に流入した農民をもとの村に返し，荒廃した農村を再興しようとした。**イ**は田沼意次，**ウ**は徳川吉宗，**エ**は徳川家光の改革の内容である。
(3)①Cは室町幕府8代将軍の**足利義政**である。**ア**と**イ**は江戸時代の農村の様子，**エ**は豊臣秀吉による太閤検地以降の農村の様子である。②床の間・違い棚を備え，畳・ふすま・障子を使うなど，現在の和風建築の起源となっている。
(4)Dは紫式部である。
(5)D(平安時代)→C(室町時代)→A(江戸時代前期)→B(江戸時代後期)

2 (1)①明治の政治家で土佐藩の出身。1881年に国会開設の勅諭が出されると，**自由党**を結成した。
(2)Bの人物は新渡戸稲造。①パリ講和会議で二十一か条の要求を取り消し，山東省のドイツ権益の返還を求めたが受け入れられなかったため，中国各地で反日運動が広がった。②サンフランシスコ平和条約への調印を拒否したソ連が国連の安全保障理事会で**拒否権**を発動し，加盟できなかった。ソ連と国交を回復したことで，日本の国連加盟が実現した。
(3)朝鮮戦争がおこってアジアでの緊張が高まると，アメリカは日本を西側陣営の一員にしようと，講和条約の締結を急いだ。なお，Cの人物は吉田茂である。
(4)a．明治政府の**殖産興業**政策によって，日清戦争のころ，軽工業を中心に産業革命が進んだ。b．第一次世界大戦が始まると，日本は連合国に軍需品を供給し，アジア・アフリカに市場を広げた。この結果，輸出額が輸入額を上回り，日本経済は発展した。工業生産の伸びも著しく，機械工業や造船業，化学工業などが発達した。c．1927年，銀行の取り付け騒ぎがおこり，休業する銀行が続出し，倒産する企業もあいついだ。1930年になると，前年アメリカで始まった恐慌の影響で，日本経済も大きな打撃を受けた。d．1950年，朝鮮戦争が始まると，アメリカが大量の軍需物資を日本に発注した。この結果，**特需景気**と呼ばれる好景気を迎え，1950年代の中ごろまでに，日本経済は戦前の水準にまで復興した。1960年，所得倍増をスローガンにかかげた池田勇人内閣が高度経済成長政策を進め，この後，1970年代の初めごろまで，日本経済は急速な成長をとげた。

(5)**ア**．1925年，**イ**．1949年，**ウ**．1890年，**エ**．大正デモクラシーとは，大正時代におこった自由主義・民主主義的な風潮のこと。

> **！ここに注意** (2)①1919年，朝鮮でおきた対日独立運動は三・一独立運動，中国でおきた反日運動が五・四運動。

総仕上げテスト ③

解答 (pp.38〜39)

1 (1)例**仏教の力で国を守ろうとしたから。**
(2)**菅原道真** (3)**イ** (4)**ウ** (5)**コロンブス**
(6)**ウ**
2 (1)**日米和親条約** (2)**岩倉使節団**
(3)**リンカン** (4)**ア**
(5)**エ** (6)**ウ→ア→イ** (7)**エ**

解説

1 (1)鎮護国家思想という。
(2)菅原道真は藤原氏による排斥を受け，失脚した。死後，たたりを恐れた朝廷は道真を北野天満宮にまつった。現在も学問の神として信仰を集めている。
(3)禅宗は武士の間に広まった。
(4)祇園祭は9世紀に疫病をしずめるために始まった。
(6)**ウ**の松平定信が行った政策を囲米の制という。なお，**ア**．徳川吉宗がききん対策に栽培を奨励したのはさつまいもである。**イ**．俵物は日本からの輸出品である。**エ**．水野忠邦は物価を引き下げる目的で，営業を独占している株仲間を解散させた。
2 (1)この条約で下田と函館の2港を開くことになった。
(2)岩倉具視を大使とし，**大久保利通・木戸孝允**らを副使とする使節団。不平等条約の改正交渉には失敗したが，欧米の進んだ政治・社会・産業などを学び，日本の内政の充実と政治制度の整備の必要性を痛感し，2年近くにおよぶ視察を終えて帰国した。
(4)陸奥宗光が領事裁判権の撤廃に成功したのは，日清戦争直前の1894年で，イギリスとの間の交渉だった。
(5)**エ**は第二次世界大戦後の農地改革の結果について述べたもの。**ア**と**イ**は明治時代，**ウ**は大正時代。
(6)**ウ**(1945年)→**ア**(1951年)→**イ**(1956年)の順。
(7)沖縄がアメリカの統治下にあったのは1945〜1972年。**ア**．1993年，**イ**．1991年，**ウ**．1989年，**エ**．1955年のできごとである。

> **！ここに注意** (1)日米和親条約(1854年)→日米修好通商条約(1858年)。結ばれた順序に注意。

16